UT PAR TOUS ET POUR TOUS

NOTICE

SUR

LES PRÉVOYANTS DE L'AVENIR

SOCIÉTÉ CIVILE DE RETRAITES

Fondée le 12 Décembre 1880, autorisée le 23 Février 1881

Cette brochure contenant les noms et adresses des bureaux et conseils de surveillance des 400 sections, est indispensable à tous les membres des bureaux, aux propagateurs et aux sociétaires.

Prix : 15 centimes

1888

SIÈGE SOCIAL

36, Boulevard Sébastopol, 36

PARIS

FONDATION D'UNE SECTION

Il ne peut y avoir plus d'une section dans un canton; les communes ne peuvent être érigées qu'en *recettes* ou *sous-sections*. Néanmoins, une commune possédant une vingtaine de sociétaires pourra être autorisée à fonder la section en prenant le nom d canton comme titre de la nouvelle section; quan celui-ci aura adhéré et se sera constitué, la commune deviendra sous-section. Elle pourra conserver son bureau.

Pour la formation d'une section, aucune démarche auprès des autorités municipales ou départementales n'est nécessaire; tels qu'ils sont approuvés, nos statuts nous permettent d'établir des sections dans toute la France et ses colonies.

Lorsqu'un groupe d'une vingtaine d'adhérents s'est formé, on doit en aviser le Comité central, puis provoquer une assemblée des sociétaires et procéder à la nomination du bureau de section. Ce bureau peut, à la rigueur, n'être nommé que provisoirement et compter seulement un président, un secrétaire, un comptable et un trésorier. A la plus prochaine assemblée, il sera complété et la commission de surveillance sera nommée. — L'élection a lieu au scrutin de liste et sans désignation de fonctions. Le dépouillement terminé, les élus se réunissent entre eux et se partagent les fonctions, selon leurs aptitudes et au mieux des intérêts de la Société.

Le bureau une fois constitué doit immédiatement adresser au Comité central : 1° le procès-verbal de la première assemblée; 2° la constitution du bureau (noms, fonctions et adresses des membres); 3° le ou les lieux de recettes. Alors *seulement* l'autorisation officielle avec le numéro de la section et une première partie du matériel sont envoyés; le complément et le timbre ne sont expédiés qu'après la première recette parvenue au Comité central.

NOTICE

SUR

LES PRÉVOYANTS DE L'AVENIR

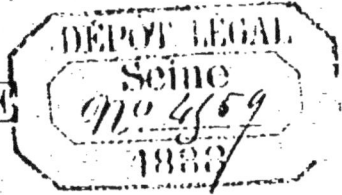

Avant d'aborder l'étude proprement dite de la Société, qui fait l'objet de cette notice, nous croyons devoir attirer l'attention de nos lecteurs sur de graves problèmes sociaux.

Les questions de cette catégorie sont plus que jamais à l'ordre du jour, la large diffusion donnée à l'instruction et les progrès de toute nature réalisés depuis le commencement de ce siècle ayant, en effet, créé des nécessités économiques nouvelles, auxquelles il importe de parer à bref délai.

Deux de ces questions sont plus particulièrement importantes : la première est la question de la protection de la vieillesse, la seconde celle du danger de la monopolisation du capital.

Philosophes et législateurs ont de tous temps étudié les moyens de mettre à l'abri des premières nécessités de la vie le travailleur devenu vieux, soit par des dispositions légales de protection, soit par la constitution de groupes corporatifs ou de prévoyance. Mais ce n'est que depuis quelques années, grâce aux libertés plus grandes données aux associations, que l'on a pu chercher dans la mutualité une solution de cette question : l'on a compris la nécessité de la concentration, de l'union et de la solidarité.

Pourtant beaucoup de travailleurs sont encore malheureusement habitués à vivre au jour le jour et ne veulent pas penser qu'ils arriveront à un âge où les forces leur feront défaut. Notre nature offre cependant une contradiction remarquable : à mesure que nous avançons en âge les besoins croissent et la faculté de les satisfaire diminue; de telle sorte que, si nous voulions représenter par une série de sommes les forces productives de l'homme, ces sommes iraient en diminuant pour aboutir à zéro; tandis que, si nous représentions également par des chiffres les besoins de la vie, ces chiffres iraient presque continuellement en augmentant.

Quel sort attend donc le travailleur imprévoyant? Sans ressources, il ne peut que tomber à la charge des siens, ou, chose plus terrible encore, à la charge de l'Etat. Il faut donc que pendant ses vieux jours une petite rente, fruit des économies de la première partie de sa vie, vienne s'ajouter à son salaire, le bonifier, le rendre égal sinon supérieur à ce qu'il était auparavant, le remplacer en partie au moment où ses forces le trahissant, il sera contraint de cesser tout travail. De cette façon, grâce à son épargne, grâce à cette *capitalisation* de lui-même qu'il aura faite dans sa jeunesse, le travailleur pourra rester parmi les siens sans être à charge à personne et achever paisiblement et heureusement une vie laborieuse.

La seconde question, moins généralement étudiée, d'une gravité exceptionnelle, est celle de l'accumulation des capitaux dans un petit nombre de mains.

Avec la grande industrie se sont formées les grandes Compagnies financières et les manufactures colossales, tandis que disparaissaient le petit commerçant, le petit agriculteur, le petit industriel. Le capital se centralise de plus en plus entre les mains de quelques-uns et la propriété, si morcelée en France après 1789, se reconstitue par grandes surfaces.

Les capitalistes qui détiennent ainsi la fortune publique sont les maîtres de notre commerce et de notre industrie; il y a là un état de choses dangereux, non seulement au point de vue social, mais encore au point de vue national, qui nous conduirait, si on ne réagissait assez tôt, à un choc violent que nous devons éviter à tout prix.

Quelles solutions ont été proposées à ces deux problèmes?

La solution brusque, la solution par les moyens

violents n'a jamais, au point de vue social, donné
de bons résultats, et si elle a paru convenir et
triompher un moment, elle a toujours été suivie
d'une réaction égale et contraire qui a presque
annulé l'effort fait et replongé dans la misère
ceux qui avaient voulu s'émanciper.

C'est donc vers une solution pacifique que nous
devons nous tourner.

La solution pacifique de la question de la protection de la vieillesse a été cherchée plus ou
moins heureusement par l'Etat et par l'initiative privée.

L'Etat a créé les maisons de retraite pour les
vieillards et la caisse nationale des retraites.

Nous ne nous attarderons pas longuement à
démontrer que les maisons de retraite ne sont
pas une solution de la première des questions
qui nous occupent. D'abord parce que tous les
vieillards n'y sont pas admis, ensuite parce que
celui qui a épuisé ses forces à élever une famille,
à donner des citoyens à la patrie et des travailleurs à l'industrie, a droit à autre chose qu'au
refuge de cette maison de charité qui ressemble
trop pour lui à une prison.

La Caisse nationale des retraites a été créée en
1850 : elle se charge de faire fructifier les épar-
gnes des déposants au taux de 4 0/0, et, combi-
nant ces capitalisations successives avec les lois
de la mortalité, d'après les tables de Deparcieux,
elle fait une répartition impartiale en rapport
avec les sommes versées à tout déposant ayant
cinquante ans d'âge et au-dessus.

Fondée surtout en faveur de la classe peu
aisée, celle-ci a peu répondu à l'appel qui lui était
adressé : la force de prosélytisme des associations libres n'existait pas dans cette institution,
et les résultats espérés n'ont pas été atteints.
En outre, une dotation a été nécessaire pour par-
faire le chiffre des rentes assurées, et cette dotation est prise sur l'impôt, c'est-à-dire sur le
contribuable.

Pourtant cet encouragement à l'épargne est
assurément une bonne chose, et le placement à
la caisse nationale ne peut être qu'encouragé.

Mais en dehors de la considération d'intérêt

personnel, au point de vue moral, l'Etat peut-il devenir providence? Nous ne le croyons pas; les travailleurs sont suffisamment émancipés au point de vue intellectuel, ils ont assez conscience de leurs devoirs et de leurs droits, et ils doivent avoir assez confiance en leur force pour tenter, en se solidarisant, ce que l'Etat, écrasé par mille soucis divers et des charges multiples, ne peut faire pour eux.

Nous venons d'examiner les solutions insuffisantes offertes par l'Etat. Voyons, maintenant, les tentatives de l'initiative privée :

1° Les Caisses d'assurances (sous le rapport de la retraite) ne sont pas faites pour mériter toutes nos sympathies, puisqu'elles ont un but de lucre.

Au point de vue spécial auquel nous nous plaçons, elles ne donnent que des dividendes inférieurs à ceux de la caisse nationale; mais il ne faut pas oublier que, malgré des frais énormes, les résultats qu'elles obtiennent sont fort beaux. On peut par là juger de ce que peut obtenir une société sans administrateurs payés, sans frais généraux énormes, sans actionnaires.

Laissant de côté cette solution qui n'apporte qu'un palliatif à la question de la protection de la vieillesse et aggrave la question de la monopolisation du capital, nous arrivons à la tentative la plus intéressante de toutes, celle des sociétés de secours mutuels.

Fondées dans le but de subvenir aux frais de maladie et d'aider de secours en des moments critiques leurs adhérents, ces utiles sociétés répondent plutôt aux *nécessités imprévues du moment* qu'aux nécessités à prévoir pour l'avenir. D'ailleurs, bien que le chiffre de la cotisation soit généralement assez élevé, puisqu'il atteint en moyenne 2 fr. 50 par mois, ces sociétés sont obligées d'employer la plus grande partie de leurs fonds en frais de médecins, médicaments, maladie, indemnités diverses, etc. ; la rente qu'elles sont obligées de faire aux termes de la loi se trouve alors considérablement réduite et n'est servie que lorsque le sociétaire a atteint un âge avancé.

Enfin, les frais dont nous avons parlé tout à l'heure, la dispersion des sociétés de secours mutuels sans lien commun sur toute la surface du territoire les empêchent de capitaliser, et, par conséquent, de répondre à la deuxième question.

Pour ces raisons, il était nécessaire de créer, à côté des sociétés de secours mutuels, *dont l'utilité est d'ailleurs incontestable*, une caisse de retraites, complément indispensable de toute institution humanitaire : les *Prévoyants de l'Avenir* sont ce complément. *Aussi que les mutualistes le sachent bien, ce n'est pas comme des adversaires qu'ils doivent considérer les Prévoyants, mais comme des alliés naturels*, et c'est unis qu'ils doivent marcher vers leur but commun : assurer à tous la plus grande somme possible de bonheur.

Nous venons d'examiner rapidement les principales solutions qui nous étaient offertes aux problèmes que nous étudions, et nous voyons qu'aucune ne nous satisfait complètement. Il fallait donc chercher autre chose dans la mutualité que ce qui existait déjà et créer sur des bases simples et larges une institution puissante.

C'est de cette idée que sont nés les *Prévoyants de l'Avenir*.

En 1880, quelques ouvriers typographes, frappés de ce fait qu'un franc, placé à intérêts composés depuis mille ans, formerait une somme si considérable, qu'il serait impossible de la compter et de la former, résolurent de fonder une société dont le capital inaliénable servirait à constituer une ressource inépuisable pour les générations futures et assurerait en même temps un excellent placement à tous les adhérents. Après de longues discussions et une étude approfondie, les statuts furent définitivement élaborés le 12 décembre 1880 et la Société autorisée par décision du préfet de police, sur avis favorable du ministre de l'intérieur, le 23 février suivant.

La nouvelle société, au grand scandale des grammairiens, prit pour titre *Les Prévoyants de l'Ave-*

nir. Ce titre renferme, en effet, une faute de grammaire, une répétition inutile, un pléonasme. On ne peut que prévoir l'avenir et il était inutile de faire suivre le nom de Prévoyants de l'expression de *l'Avenir.* Les fondateurs de la Société ont préféré commettre cette faute, et indiquer nettement leur but qui est de préparer un capital pour les générations futures; ils ont voulu indiquer que ce n'était que dans l'avenir que la Société atteindrait *complètement* son but : « mettre les vieux jours du travailleur à l'abri du besoin. »

o * *

Il est utile, pour bien connaître l'esprit pratique et le but de l'œuvre, de lire attentivement les statuts, lesquels débutent par la déclaration suivante :

« Depuis longtemps déjà on étudie les moyens pratiques de remédier à la mauvaise part qui est faite, dans la société actuelle, aux travailleurs qui, arrivés à un âge où les forces leur font généralement défaut, ne peuvent plus subvenir à leurs besoins.

« Un grand nombre de personnes ont recherché les moyens d'éteindre le paupérisme, et ont trouvé pour résultat : les Invalides du Travail, les Maisons de Retraites, etc. Mais, si la théorie de tous ces systèmes est belle, les résultats obtenus par la pratique sont presque nuls.

« C'est, selon nous, à la classe ouvrière elle-même qu'il appartient de rechercher et de trouver les moyens et ressources nécessaires à l'extinction de la misère, causée trop souvent par une vieillesse prématurée, résultat inévitable d'un trop long labeur.

« Nous seuls connaissons vraiment nos besoins, nos ressources et les mesures à prendre pour atteindre un but depuis longtemps cherché, et, jusqu'à ce jour, introuvable.

« En fondant une Caisse de Retraites établie sur les bases les plus larges; appelant tous les travailleurs sans exception à créer, si ce n'est pour eux, au moins pour les générations suivantes, une ressource inépuisable, les fondateurs de la Société de Retraites : Les Prévoyants de l'Avenir, ont compté sur le concours de tous, et ils espèrent que l'idée qu'ils préconisent sera comprise de tous les travailleurs, à quelque classe qu'ils appartiennent.

« Que chacun se pénètre bien de la force et de l'efficacité des bienfaits d'une Société dont les membres innombrables versent une modique cotisation rapportant à perpétuité, et l'on aura une idée du résultat que nous pourrons atteindre. Enfin nous devons dire que l'avenir serait moins sombre pour beaucoup d'entre nous si l'œuvre qui vient d'être fondée l'avait été il y a un demi-siècle.

« Nous vous invitons donc à lire attentivement les statuts ci-dessous, persuadés que vous reconnaîtrez, comme nous, que notre Société est appelée à rendre d'immenses services, et qu'elle donnera à tous la faculté d'envisager l'avenir avec moins de frayeur. »

Simple et nette, cette déclaration indique bien le but poursuivi. Elle est empreinte d'une certaine fierté, bien faite pour plaire à ceux qui ont souci de leur liberté : la fierté de l'indépendance; et elle affirme la possibilité de l'émancipation du travailleur par le travailleur lui-même.

ARTICLES FONDAMENTAUX

Le siège de la Société est à Paris.

En cas de sectionnement ou de formation de groupes en province, le siège de la Société ne pourra être changé.

La Société n'est composée que de membres actifs, en nombre illimité.

I. — DE L'ADMINISTRATION

ARTICLE PREMIER. — La Société est administrée par un bureau composé de huit membres, savoir :

Un président ; un vice-président ; un trésorier ; un trésorier adjoint ; un comptable ; un secrétaire ; un secrétaire adjoint ; un archiviste.

ART. 2. — Les membres du bureau sont élus en assemblée générale, pour deux ans.

Chaque année le bureau devra être renouvelé par moitié.

Les membres sortants sont désignés par voie de tirage et immédiatement rééligibles.

ART. 3. — Pour faire partie du bureau, il faut être au pair de ses versements.

ART. 4. — Le trésorier encaisse les recettes et solde les dépenses sur quittances signées du président et du comptable.

ART. 5. — Tous les ans un inventaire des fonds de la Société sera fait par les soins du bureau et tenu à la disposition des sociétaires.

ART. 6. — Un conseil de surveillance, composé de cinq membres, sera aussi nommé en assemblée générale pour un an. Il sera tenu de présenter un rapport à l'assemblée générale sur la gestion des affaires de la Société.

Le conseil de surveillance ne pourra s'immiscer en aucune façon dans les décisions prises par le bureau. Il pourra convoquer l'assemblée générale sous sa responsabilité, et seulement dans le cas de malversation ou de dérogation aux statuts ; l'assemblée générale pourra également avoir lieu sur la demande du cinquième du nombre total des sociétaires.

Toutes les fonctions sont gratuites.

II. — DES RECETTES

ART. 7. — Les versements se feront le premier dimanche de chaque mois, de dix heures à midi, dans chaque arrondissement, au domicile de deux membres désignés par le bureau.

Ces fonctions sont obligatoires, sauf empêchement dûment établi et reconnu par le bureau.

ART. 8. — Les recettes générales se feront au siège social, le deuxième dimanche de chaque mois, de dix heures du matin à midi.

ART. 9. — Les mandats pour la cotisation sont adressés au trésorier, *franco*, avec 15 centimes en plus pour le retour des reçus. Les timbres-poste ne sont pas reçus en payement.

On peut verser par anticipation.

Les reçus délivrés par les receveurs-délégués, d'une valeur nominale de 1 franc, seront sur registre à souche, datés et signés.

ART. 10. — Le droit d'admission est fixé à 2 francs.

La cotisation est fixée à 1 franc par mois.

Elle se paie d'avance.

ART. 11. — Les sociétaires en retard dans le payement de leur cotisation seront passibles d'une amende de 25 centimes pour chaque mois de retard.

Il sera délivré à chaque sociétaire un livret contenant les présents statuts et qui lui servira de titre.

Le coût du livret est fixé à 50 centimes.

III. — DU PLACEMENT DES FONDS

ART. 12. — A la fin de chaque recette, les fonds sont déposés à la Caisse d'épargne par les soins du trésorier, assisté du président. Dans aucun cas, les fonds ne pourront être retirés que par décision d'une assemblée générale extraordinaire.

ART. 13. — Nous plaçant comme société d'utilité publique, et tombant sous les articles 2 et 4 de la loi du 30 juin 1851, les fonds seront entièrement consacrés à l'achat de Rentes françaises 3 ou 5 0/0, et ce, par les soins de la Caisse d'épargne.

DONS MANUELS

ART. 14. — Des dons manuels pourront être acceptés par la Société.

ART. 15. — Par les soins du bureau, des représentations ou concerts pourront être donnés au bénéfice de la caisse de la Société.

IV. — DES ADMISSIONS

ART. 16. — Toute personne justifiant de son honorabilité peut entrer dans la Société.

Pour faire partie de la Société, il faut avoir quinze ans accomplis.

Les femmes sont admises.

Ayant les mêmes devoirs, elles ont les mêmes droits.

Art. 17. — Les candidats sont admis par le bureau, sur leur demande écrite et signée.

Leur admission définitive sera prononcée en assemblée générale.

Les demandes d'admission doivent être adressées au siège social

V. — DES EXCLUSIONS

Art. 18. — Tout sociétaire en retard de six mois dans le paiement de ses cotisations sera averti par lettre et par le trésorier d'avoir à se liquider le plus tôt possible.

Au bout d'un an de retard, sa radiation sera proposée par le bureau à l'assemblée générale.

Il pourra être *réadmis*, mais le temps précédant sa radiation ne sera pas compté pour sa pension.

VI. — DES DROITS

Art. 19. — Tous les sociétaires ayant vingt ans de présence effective dans la Société auront droit au partage intégral des intérêts de l'avoir de la Société pendant l'année écoulée.

Cette répartition aura lieu trimestriellement, sur l'inventaire fait au 31 décembre pour l'année suivante.

Art. 20. — Les pensions commencent le 1er janvier.

Les pensionnaires ne sont pas exempts du payement des cotisations.

Art. 21. — En cas de décès d'un pensionnaire, sa pension de l'année sera versée entre les mains des héritiers ou des personnes désignées par le décédé.

Art. 22. — La Société ne reconnaît pas l'aliénation de la pension, celle-ci n'étant payée qu'à l'ayant droit, sur quittance.

Les pensionnés domiciliés en province devront fournir, chaque année, en janvier, un certificat de vie.

Art. 23. — Les parents du sociétaire décédé n'ont aucun recours contre la Société.

Les sommes versées par lui restent acquises à la Société.

Art. 24. — Au bout de cinq ans de présence dans la Société, tout sociétaire atteint d'une maladie chronique l'empêchant de travailler et de payer ses cotisations, peut demander son maintien sur les livres de la Société.

Au bout de vingt ans de présence, il est placé parmi les pensionnés.

Art. 25. — Le sociétaire atteint de maladie peut demander une suspension dans le payement de ses cotisations. Le temps d'arrêt ne compte pas pour la pension, à moins que le sociétaire ne s'acquitte de son arriéré. Il est entendu qu'il ne pourra lui être infligé d'amende (V. art. 11).

Il en est de même pour le sociétaire appelé sous les drapeaux.

Le bureau est juge des demandes de suspension à accorder.

DISPOSITIONS GÉNÉRALES

Art. 26. — La Société ne pourra être dissoute qu'à l'unanimité des membres formant l'ensemble de la Société.

En cas de dissolution, les fonds seront versés par décision de l'assemblée générale, convoquée à cet effet, dans la caisse d'une Société dont le but se rapprochera le plus du nôtre.

Art. 27. — Aucun changement ne pourra être apporté au but et aux articles fondamentaux des présents statuts, ainsi qu'aux articles 10 et 19.

Art. 28. — Toute discussion politique ou religieuse est interdite.

Art. 29. — Les soussignés, adhérant aux articles ci-dessus énoncés, déclarent se soumettre aux décisions prises par l'assemblée générale, soit dans l'interprétation desdits statuts, soit dans les cas non prévus.

Les présents statuts ont été discutés et votés en assemblée générale des membres fondateurs.

1.

ARTICLES ADDITIONNELS

1° — Tout sociétaire n'assistant pas à l'assemblée générale de sa section, le deuxième dimanche de janvier, sera passible d'une amende de **un franc** s'il n'a, au préalable, informé le bureau, par lettre ou par carte postale, du motif de son absence. La présence du sociétaire sera constatée par une feuille d'émargement déposée à l'entrée de la salle de la réunion.

Les dames, quoique instamment priées d'assister à ces réunions, ne sont pas amendables.

Le sociétaire amendé ne pourra opérer aucun versement de cotisation avant d'avoir acquitté cette amende.

2° — Les mutations sont autorisées de ville à ville; elles ne pourront se faire que le premier dimanche de décembre de chaque année, si le sociétaire est au pair de ses versements. Le sociétaire ne change pas de matricule.

La section du sociétaire ayant demandé sa mutation devra informer, **par lettre**, avant le 1er janvier, la section où son sociétaire aura désiré être inscrit.

Le coût de la mutation est de 50 centimes.

3° — Toute proposition repoussée par le Congrès ne pourra être représentée que trois ans après.

***

Nous venons de voir dans toute leur simplicité ces statuts qui, au point de vue théorique, se trouvent renfermés dans ces mots : « *Tout par tous et pour tous* », et au point de vue pratique en ceux-ci : « *Un franc par mois, rente après 20 ans* ». — Passons maintenant à l'examen des résultats acquis.

La Société, ainsi que nous l'avons déjà dit, a été fondée le 12 décembre 1880 et autorisée le 23 février 1881. Les commencements furent pénibles, et, comme toute œuvre à son début, les *Prévoyants de l'Avenir* passèrent au milieu de l'indifférence presque générale la première année de leur existence. Ils n'étaient, au 1er janvier 1882 que **757**, possédant 6,237 francs ; sans se désespérer, redoublant d'efforts, usant de tous les moyens de se faire connaître, la Société réunissait, le 1er janvier 1883, 1,432 adhérents, possédant 20,902 fr. 57. L'année 1883 fut plus heureuse et se termina avec 3,769 adhésions et 58,498 fr. 25; enfin, vint le jour où, de tous côtés, se constituèrent de nouveaux centres de propagande, et où le zèle des fondateurs fut récompensé; au 1er janvier 1885, la Société réunissait 8,980 sociétaires et possédait 158,129 fr. 34; au

1er janvier 1886, les Prévoyants étaient 15,008, possédant 361,063 fr. 99; au 1er janvier 1887, la Société comptait 25,678 sociétaires et 673,267 fr. en caisse. Au 1er janvier 1888, on comptait 47,460 sociétaires, et le capital atteignait 1 million 266,864 fr. 45. Enfin, à la date du 31 juillet de cette même année, **66,608** sociétaires sont inscrits, et la caisse compte **1.833.016** fr. **22**. C'est donc environ 20,000 sociétaires venus à la Société et 500,000 francs encaissés en moins de six mois. Il convient de remarquer que le chiffre des décès et des radiations survenus depuis huit années ne figurent pas dans ces nombres.

Ces chiffres et ces résultats n'ont pas besoin de commentaires.

En ce moment la Société compte 384 sections réparties sur toute la surface du territoire. Les sociétaires isolés, habitant des villes non sectionnées sont classés provisoirement dans un groupe spécial (25e section), siégeant à Paris, et ils envoient leurs cotisations directement au siège social.

Comme on peut s'en convaincre, les résultats du présent sont fort beaux. Que sera l'avenir et quels seront les revenus possibles ou probables? Les pages qui suivent vont nous le démontrer.

————

Afin de compléter cette notice, d'éclairer ceux qui voudraient faire partie des Prévoyants de l'Avenir, de fournir des arguments à ceux qui auraient pour but d'appuyer et même défendre l'institution, nous ne pouvons mieux faire que de publier quelques extraits d'une conférence faite sur ce sujet à Essonnes :

L'orateur place la cause de la Société dans le paupérisme; il trace les grandes lignes du problème de la misère, problème éternel et universel, que partout et toujours on a cherché à résoudre, mais que nulle part on n'a jamais résolu! Il indique l'appauvrissement physique, l'abaissement moral et la servilité qui sont les inévitables conséquences de la misère.

Les uns s'enrichissent, les autres s'appauvrissent, il n'y a guère de riches qui aient la certitude de ne pas devenir pauvres un jour : les crises industrielles, commerciales, les crises politiques même font crouler souvent des fortunes bien assises; et dans les populations ouvrières, c'est le chômage, c'est l'accroissement de la famille, accroissement si désirable pourtant, c'est la maladie, c'est la vieillesse, qui sont les précurseurs de la misère !

Les uns n'ont pas de pain, les autres n'ont que du pain et ce n'est pas assez, les aisés, les heureux même, personne enfin n'est sûr de l'avenir !

Le conférencier passe en revue les essais tentés sous des formes multiples par la charité publique ou privée, afin de résoudre le problème. Mais la charité privée, comme la charité publique, a toujours été impuissante. En outre, la charité, quelle qu'en soit la forme, a pour corrélatif la mendicité. Et la mendicité ôte à l'homme quelque chose de sa dignité, de son indépendance, de sa virilité : elle le diminue !

La solution que la charité ne pouvait donner, les Prévoyants de l'Avenir l'ont demandée à l'association !

Le conférencier expose alors les grandes bases de la Société, comment, pour secourir tout le monde, elle a ouvert ses portes toutes grandes à tous les hommes, à toutes les femmes, à la seule condition d'avoir quinze ans et d'être honnête ! comment elle a fixé la cotisation à 1 franc pour tous, afin que chacun pût la payer et pour que tous, ayant le même apport, pussent avoir les mêmes droits.

Il détaille ensuite le mécanisme administratif et la constitution financière de la Société, sa division en sections afin de partager le travail, l'autonomie de ces sections pour augmenter à la fois et leur responsabilité et leur activité, la gestion de leurs intérêts confiés à un bureau de section, élu et renouvelable, et contrôlé par un conseil de surveillance également élu et renouvelable, l'unité rendue à toutes ces sections autonomes par un Comité central, élu par elles, et annuellement renouvelable par moitié, chargé de centraliser et de diriger, dans les limites posées par les statuts, les intérêts généraux de la Société. Là aussi, comme dans la section, à côté du pouvoir élu qui dirige, il y a un pouvoir élu qui contrôle : le Comité central administre, et à côté de lui le Conseil supérieur de surveillance est debout et surveille. Ainsi l'élection partout ! partout le contrôle !

A une bonne organisation, il fallait joindre une gestion économique : on a décidé et inscrit dans les statuts la gratuité de toutes les fonctions. Tous les membres de tous les conseils, tous ceux du Comité central, tous les conférenciers, tous les propagateurs, tous donnent leur concours et tous le donnent pour rien ! Est-il une œuvre au monde qui fasse ainsi de tous ses membres des propagateurs enthousiastes et désintéressés? Et quelle est donc cette puissance, ce magnétisme philanthropique que les Prévoyants de l'Avenir communiquent à leurs adeptes ?

Décentralisation, simplicité d'organisation, gratuité. Voilà des points acquis. Mais, et la sécurité? Qui a l'argent? Toutes les recettes des sections, centralisées mensuellement par le Comité central, sont immédiatement versées par lui à la Caisse d'épargne, qui les convertit, sans frais de courtage, en rentes françaises, dont les titres restent dans ses caisses. Quel est donc le véritable caissier de la Société ?

Qui? C'est l'Etat ! et l'Etat n'emporte pas la caisse.

L'orateur arrive à la constitution financière de la Société, qu'il partage en deux points, la formation du capital social et le calcul de la rente.

Le capital est formé :

1º Par les cotisations. Toutes les cotisations, sans qu'on en puisse distraire un centime, sont mensuellement ajoutées au capital. Le capital étant inaliénable, non seulement il ne diminue jamais, mais il est incessamment augmenté du montant intégral de toutes les cotisations. Il est plus grand, chaque mois, du montant de la recette; il est plus grand, chaque année, du montant des douze recettes de l'année. Il grandit donc tous les mois et tous les ans, il grandira toujours sans mesure et sans fin — ce capital des pauvres qui va bientôt déjà atteindre deux millions, ce capital national, ce capital social deviendra prodigieusement immense!

2º Par les intérêts du capital pendant les vingt premières années. Pendant cette période, les intérêts annuels sont annuellement capitalisés et grossissent le capital.

Quant aux frais généraux de la Société, frais généraux qui ne représentent d'ailleurs que des dépenses matérielles, puisque toutes les fonctions sont gratuites, ils sont payés par les droits d'entrée et de livret et par les amendes. De ce chef même, la Société à l'heure actuelle a environ 130,000 fr. d'économie. C'est dire avec quelle exactitude on compte, avec quelle parcimonie on dépense!

Mais comment est calculée la rente et quelle est-elle?

Au capital formé par les cotisations et par leurs intérêts accumulés pendant les vingt premières années, on continue après la vingtième année à ajouter les cotisations mais on n'ajoute plus qu'elles. Les intérêts sont affectés au payement des rentes. Chaque année les intérêts produits par le capital social pendant l'année qui finit sont partagés par parts égales entre tous les pensionnaires de l'année qui commence. Le capital grandissant toujours, les intérêts grandissent avec lui, et par conséquent la somme à partager sera d'année en année plus forte. La rente est donc un dividende qui devrait augmenter toujours.

Mais, comme un dividende dépend à la fois, et de la somme à partager, et du nombre de ceux qui la partagent, la rente des Prévoyants de l'Avenir dépend, elle aussi, de ces deux éléments, c'est-à-dire de la grandeur du capital et du nombre des pensionnaires. Elle monte quand le capital monte, elle baisse quand les pensionnaires augmentent. On arrive donc, en supposant le taux de l'intérêt constant, à formuler la loi suivante : La rente est en raison directe du capital et en raison inverse du nombre des pensionnaires.

Telle est la loi de nos pensions, et toute formule qui s'en écarte est nécessairement fausse.

Ainsi, est fausse une formule souvent donnée, et d'après laquelle la rente de nos pensionnaires ne serait, en dernière analyse, que de 14 francs et quelques centimes.

Cette formule, en effet, qui est fort connue, puisqu'elle est du domaine de l'enseignement primaire, et qu'on a cependant quelquefois estropiée, n'est que la formule de l'intérêt composé. Or, elle ne tient nul compte du nombre des pensionnaires. Pour calculer l'intérêt composé, elle est vraie ; pour calculer la rente, elle est fausse : elle est fausse à la fois et parce qu'elle est au-dessus et parce qu'elle est au-dessous de la vérité. Elle est au-dessus de la vérité parce qu'elle calcule à intérêts composés à toutes les époques, tandis qu'au contraire nos intérêts sont bien composés pendant la première période, mais ils ne sont plus que simples dans la deuxième période ; elle est au-dessous de la vérité, parce que, ne donnant à chacun que le produit de ses propres versements, elle néglige d'une manière absolue tous les versements et des contemporains qui sont morts, et de ceux qui, par démission ou radiation, sont sortis de la Société et de ceux qui y sont entrés pendant les dix-neuf ans qui précèdent l'année où le pensionnaire est placé. On ne peut même pas objecter que l'hypothèse du critique ne s'applique qu'à une époque très lointaine, car alors, à tous les éléments constitutifs de la rente qui viennent d'être énumérés et qu'il avait négligés, à tous ces éléments qui subsistent toujours, s'ajoute un élément nouveau et formidable.

les capitaux accumulés par les générations disparues ! Omettre tout cela et prétendre calculer une rente, est incompréhensible ! C'est comme si l'on prétendait donner le total exact de vingt nombres, en n'en additionnant que deux !

Voilà donc la valeur des critiques formulées contre les Prévoyants de l'Avenir. Voilà une objection qui avait été présentée sous une forme savante et qui paraissait redoutable. De loin on eut dit un obus, de près ce n'est qu'une bulle de savon !

Et toutes se valent : la rente dépendant du capital et du nombre des pensionnaires, quand le nombre des pensionnaires sera à son maximum, il n'augmentera plus ; mais le capital, qui à aucune époque ne cessera de croître, produira des intérêts, qui, au même taux, seront toujours de plus en plus grands. Or, la somme à partager étant toujours plus considérable, et le nombre des copartageants, c'est-à-dire des pensionnaires, étant toujours le même, la part de chacun d'eux sera nécessairement d'année en année plus grande. Cela est évident ! Cependant on a dit et imprimé que la même somme de 14 francs finirait par être la loi constante de la rente, c'est-à-dire qu'à partir d'une certaine époque la rente sera à 14 francs, et pour toujours !

C'est comme si l'on disait qu'à partir de quatorze ans un enfant ne vieillira plus !

A propos de ces critiques qui soutiennent à peine l'examen et devant lesquelles les Prévoyants des années antérieures sont restés impassibles, mais qui ont peut-être ému quelques-unes de nos plus nouvelles recrues, aux oreilles de qui elles ont sifflé, comme la première balle aux oreilles du conscrit, le jour de sa première bataille, nous ne devons pas oublier qu'en principe notre Société, comme toute société qui a pour objet un intérêt collectif et public, relève de l'opinion publique. C'est un devoir de la défendre, mais c'est un droit de l'attaquer. Est-il d'ailleurs une grande chose au monde qui n'ait eu ses détracteurs ?

Puisque la critique est le résultat d'un droit, nous devons donc l'accueillir sans colère, et la dédaigner ou la repousser sans faiblesse.

Discutons donc et sachons discuter.

Mais revenons à notre rente : les allégations qu'on avançait sont absolument négligeables, c'est un point qui semble démontré, mais il est toujours intéressant pour un Prévoyant de savoir ce qu'il touchera un jour. D'abord, est-il possible de le dire en chiffres ?

Nos adversaires en ont bien donné. Sans doute, mais on a vu ce qu'en vaut l'aune. Ce ne sont pas chiffres de financiers, mais bien chiffres de romanciers.

Il est vrai que les compagnies d'assurances sur la vie, la caisse des retraites pour la vieillesse, elles, donnent des chiffres fermes. Comment se fait-il qu'elles puissent en donner et que nous ne le puissions pas?

Pourquoi peuvent-elles donner des chiffres? Le voici :

Elles ne tiennent compte, dans le calcul de leurs rentes, que des déposants de même âge et de même année.

Pour plus de simplicité, appelons cela la série courante. Elles négligent absolument et ceux qui ont déposé avant et ceux qui ne verseront qu'après.

Puis, dans cette série courante, la rente est le produit de deux facteurs seulement : le capital et la mortalité.

Le capital est le total des primes ou versements de chaque intéressé. C'est un facteur connu.

La mortalité étant calculée pour chaque âge, ce qui fait varier la prime ou la rente proportionnelle aux chances de vie et de mort, la mortalité est aussi un facteur connu.

Dès lors, toutes les données étant certaines, il est aisé de déterminer la rente.

Et c'est pourquoi la caisse des retraites de l'Etat et les compagnies d'assurances peuvent promettre et s'obliger en chiffres fermes.

Au contraire, voici pourquoi les Prévoyants de l'Avenir ne peuvent donner de chiffres.

C'est une vérité évidente que, pour déterminer un produit, il faut en connaître tous les facteurs. Il suffit d'un seul facteur inconnu pour qu'il soit impossible d'obtenir le produit cherché.

Or, quels sont donc les facteurs de la rente aux Prévoyants de l'Avenir? Quels sont ceux qui sont connus? Quels sont ceux qui ne le sont pas?

Ces facteurs ne concernaient à la Caisse des retraites que les sociétaires de même âge et de même année ; ici, au contraire, au lieu d'être d'un ordre unique, ces facteurs sont de trois ordres.

Ils concernent :

1° Les sociétaires entrés dans l'année courante; 2° ceux des années suivantes; 3° ceux des années précédentes. Avant, pendant et après.

Or, les facteurs du premier ordre sont : 1° Les cotisations de chaque sociétaire — c'est un facteur connu ; 2° la mortalité.

On sait que la mortalité varie suivant les âges.

Pour la déterminer, il faut donc connaître au préalable l'âge des sociétaires. Or, comment pouvons-nous, en janvier ou en juillet, au commencement ou au milieu d'une année courante, connaître l'âge des sociétaires qui n'existeront que dans les onze autres mois ou dans les six autres mois de l'année ?

La mortalité est donc un facteur inconnu.

La pension à la Caisse des retraites n'a que ces deux facteurs. Aux Prévoyants de l'Avenir, elle en a deux autres : les démissions et les radiations.

Comment pouvez-vous prévoir le nombre des démissionnaires ? Comment calculer celui des radiations ? Encore deux facteurs inconnus.

Et dans l'ordre de ceux qui entreront dans la Société, combien seront-ils ? Qui donc aurait prévu au 1er janvier 1881, à la naissance de la Société, que nous serions 46,000 au 1er janvier 1888 et 65,000 au 1er juillet suivant ? Qui sait ce que nous serons au 1er janvier prochain, dans deux ans, dans dix ans, dans vingt ans ? — Facteurs inconnus !

Le passé est connu : il est palpable que nous avons à ce jour près de deux millions en caisse ; mais dans vingt ans, au jour où l'on servira la rente, qui sait quels seront alors le passé et l'avoir de la Société ? Tout cela : facteurs inconnus !

Et cependant les savants qui nous calculent ont dû les deviner, puisqu'ils ont déterminé nos rentes ! Certes, le télescope du célèbre faiseur d'almanachs, Mathieu de la Drôme, qui nous prédit la pluie et le beau temps à une seule année de distance, est de bien courte portée auprès de la longue-vue de ces astrologues en finances, qui perçoivent dans l'avenir tous nos facteurs futurs, et nous prophétisent avec ou sans hypothèses, mais en chiffres véridiques, que nous toucherons, dans vingt ou trente ans, les uns 14 francs, les autres 1 ou 2 francs de rente !

Et ce sont là les consultations qui sont données *gratis* et envoyées *franco !*

Pour nous, qui n'avons pas cette prescience, nous avouons qu'il ne nous est possible ni de chiffrer la rente, ni de calculer ce qui nous semble incalculable.

Mais s'il n'est pas possible de chiffrer la rente, sans doute il est possible de l'apprécier. Que sera-t-elle donc ?

Le sociétaire touchera en premier lieu et intégralement l'intérêt des cotisations qu'il aura versées et qui se seront augmentées de leurs intérêts capitalisés pendant quatorze ans.

Il concourra ensuite dans les intérêts des cotisations versées :

1° Par ceux qui sont morts;

2° Par les démissionnaires ;

3° Par les sociétaires rayés.

Et le nombre de ces deux dernières catégories, relevé dans la 11e section, avait atteint 18 0/0 en cinq ans.

Ces seuls éléments produiront nécessairement une rente plus forte que celle de la Caisse des retraites, parce qu'aux versements et à la mortalité, qui sont les deux seuls facteurs de la rente à la Caisse des retraites, s'ajoutent ici deux éléments puissants, qu'elle n'a pas, les démissions et les radiations.

Ce n'est pas tout : le pensionnaire profite encore des versements faits par les sociétaires qui sont entrés pendant les dix-neuf années qui précèdent celle où il arrive à la pension, et qui, eux, ne touchent pas encore, et ces dix-neuf années existent toujours, quelle que soit l'époque où l'on se place. Or, en supposant que le nombre de ces adhérents nouveaux soit chaque année le même, leurs versements opérés les uns pendant dix-neuf ans, les autres pendant dix-huit ans, les autres pendant dix ans, cinq ans, un an, représentent une somme *plus de dix fois égale* au total des versements de tous les nouveaux pensionnaires de l'année. Ceux-ci ont donc encore leur part dans les intérêts de ce capital, qui est au moins décuple du leur, et ce facteur, que la Caisse des retraites n'a pas, augmente prodigieusement leur rente.

Et en disant capital décuple, on est de beaucoup au-dessous de la vérité, car on a supposé que le nombre des nouveaux sociétaires était tous les ans le même, tandis qu'en réalité les Prévoyants de l'Avenir, qui recrutaient 1,000 membres la deuxième année, en recrutaient *dix mille* en 1886, en recrutèrent *vingt mille* en 1887 et *cinquante mille* en 1888. Si cette progression continuait, elle produirait d'étonnants résultats.

Le pensionnaire participe enfin aux intérêts des capitaux acquis à la Société avant son admission.

À l'heure actuelle, chaque nouveau membre aura sa part dans le produit des deux millions que l'on possède déjà, et à la formation desquels il n'aura pas contribué. Toujours les nouveaux venus profiteront des capitaux accumulés et par leurs devanciers et par les générations disparues.

Quels avantages donnera alors cette accumulation à ceux qui viendront dans cinquante ans?

L'orateur aborde ensuite l'objection relative à l'inégalité de la rente :

Les premiers toucheront beaucoup, dit-on, les autres fort peu !

Est-ce certain ? Non. La part des premiers, si on les pensionnait aujourd'hui, n'atteindrait pas 100 francs, et si le nombre des sociétaires, au lieu d'augmenter diminuait désormais jusqu'à la vingtième année, pour croître ensuite de nouveau et d'une manière rapide, les premiers pensionnaires seraient ceux dont la rente serait la plus faible, et la pension la plus forte surviendrait à ceux de la trentième ou quarantième année.

Ces hypothèses ne sont pas probables, sans doute, mais elles n'ont rien d'impossible.

La supériorité des premières pensions n'est donc pas certaine, et toute discussion à cet égard est aujourd'hui prématurée !

On ne pourra savoir, on ne pourra juger que vers la dix-neuvième année.

Mais supposons cette supériorité certaine.

L'orateur peut en parler à son aise, car s'il a l'honneur de propager la Société, il n'a pas celui de l'avoir fondée.

Une première remarque, c'est que, la Société restant stationnaire, la rente minima serait celle de la première année. Si, au contraire, cette rente est supérieure, c'est que la Société a grandi ; si cette supériorité est très grande, c'est que la Société a prodigieusement progressé.

Que la rente des premiers pensionnaires soit énorme, tant mieux ! c'est que la Société sera colossale ! Et au fond, ce qui m'intéresse, ce ne sont pas les premiers, c'est la grandeur de la Société, car c'est de cette grandeur que dépendent et ma rente à moi et la marche de l'extinction du paupérisme qui est notre principal but ! là est l'important et l'important n'est que là !

Une seconde remarque, c'est que la réduction de certains pensionnaires, si on l'ajoutait au capital, augmenterait infiniment peu la rente, et si on l'ajoutait aux rentes trop faibles, elle serait encore impuissante à les relever, car ce serait une somme relativement minime répartie sur un très grand nombre de têtes. Il est donc vrai de dire que la part des favorisés ne nuit pas à ceux qui le sont moins. Les uns ont des avantages, il est vrai, mais ce n'est pas au détriment des autres !

On peut encore remarquer que cette inégalité affectera

non seulement les pensionnaires de la première année, mais encore ceux de toutes les années.

Dans la période où la rente baissera, on dira : Pourquoi la pension est-elle moins forte cette année que l'année dernière ?

Au contraire, dans la période de hausse on dira : Je touche moins cette année que l'on ne touchera l'année prochaine : pourquoi cette inégalité ?

Quel est donc le principe ? C'est, s'il faut le redire, que chaque année tous les pensionnaires se partagent les intérêts de l'année précédente. C'est l'unique règle pour toutes les années et pour tous les pensionnaires.

Or, les intérêts à partager forment la vingtième année, la somme la plus petite, et si la rente se trouve être néanmoins la plus forte, cela tient non pas à la somme, mais au très petit nombre des pensionnaires.

Mais les fondateurs avaient-ils prévu cette conséquence et n'ont-ils fondé la Société que pour spéculer sur elle ?

C'est une question qui les intéresse, mais à laquelle la Société peut rester étrangère. Que m'importe, en effet, que les fondateurs soient douteux, si la Société est bonne !

D'ailleurs, la Société n'est pas entre leurs mains, mais entre les nôtres ; tout s'y fait à l'élection ; ils sont 700 et nous sommes 65,000 !

Mais ont-ils spéculé ?

Devant ceux qui les connaissent, les justifier serait leur faire injure !

A ceux qui ne les connaissent pas, je dirai : en premier lieu, pouvaient-ils prévoir la marche prodigieuse de la Société ? Non, assurément ! Il était à présumer qu'elle aurait végété jusqu'à sa vingtième année, et que son extension n'aurait réellement commencé qu'après cette période. Et alors les avantages de la Société ne pouvaient échoir qu'à la génération suivante :

En second lieu, s'ils ont prévu ces résultats, qui aujourd'hui du reste ne sont encore que probables, ont-ils voulu spéculer sur eux ? Evidemment non, car, en ce cas, la spéculation eût consisté à ne constituer la Société qu'à un très petit nombre de sociétaires. Or, en 1880, leurs statuts étaient approuvés, *ils pouvaient se former dès 1880, alors qu'ils n'étaient que cinquante. Qu'ont-il fait ? Ils ont reporté la date initiale de la Société au 1er janvier 1881, et donné ainsi toute cette année au recrutement et à l'augmentation des premiers sociétaires.*

S'ils avaient été égoïstes, ils auraient augmenté le taux de la cotisation des nouveaux adhérents à mesure de l'augmen-

'ation du capital, pour les mettre au prorata de l'apport des sociétaires précédents; ils ne l'ont pas fait, et les adhérents de la trentième ou quarantième année, tout en bénéficiant du capital précédent, à la formation duquel ils n'auront nullement contribué, ne verseront toujours que la cotisation mensuelle de 1 franc.

De plus, alors que leur intérêt leur commandait de ne pas faire de propagande, afin de ne pas augmenter leur nombre, ils se multipliaient au point de clore la première année, qu'ils avaient commencée avec 50 membres, de la clore avec 757 membres, et recrutés au prix de quels efforts?

Ceux-là seuls le savent qui ont jamais tenté de propager des idées nouvelles!

Ce sont là des preuves décisives, et l'ombre même d'un soupçon ne peut planer sur ces grands ouvriers de la première heure.

Ainsi donc, la supériorité des premières pensions n'est ni certaine, ni nuisible, ni coupable.

Mais cependant que pourrait-on faire? Egaliser la rente? Mais comment faire la moyenne? On ne sera pas sûr de connaître la rente la plus forte et on ignorera assurément la rente la plus faible! On aura vu la marche de la Société pendant ses premiers vingt ans, c'est-à-dire pendant sa période de propagande théorique, comment présumera-t-on ses progrès pendant les vingt années suivantes, c'est-à-dire pendant la période des résultats? Qui vous dit qu'une prodigieuse affluence ne fera pas monter votre actif social à des chiffres inespérés? Qui vous assure qu'un tremblement dans l'édifice n'entraînera pas une panique telle que le nombre des pensionnaires devenant très petit, la rente atteindra un chiffre supérieur encore à celui de la première année? — Vous n'avez donc ni bases, ni possibilité d'en avoir !

Et puis de quel droit voulez-vous égaliser une rente qui est destinée à augmenter toujours! Si vous fixez un maximum au début, vous enlevez aux générations futures le droit de toucher plus! Vous annulez d'avance leur héritage! L'Etat viendra et dira à vos petits-enfants : Voilà le chiffre qu'ont fixé vos pères ; au-dessous, c'est pour vous, au-dessus c'est pour moi !

Ne reculerez-vous pas devant cette conséquence ?

L'œuvre, dira-t-on, a des inégalités apparentes. La terre aussi est inégale, et ses inégalités ne l'empêchent pas d'être ronde ; les critiques n'empêchent pas notre Société d'être juste.

Elle est grande, généreuse, utile à chacun et utile à tous, elle augmente la valeur individuelle et la puissance collective ; elle est pour le riche une œuvre de paix sociale, elle est pour le travailleur une garantie contre la misère, un instrument de dignité, de virilité et d'indépendance, et quiconque lui aura prêté son concours aura bien mérité de la liberté, de la patrie et de l'humanité.

———

Terminons cet exposé par ces bonnes paroles prononcées le 3 juin 1888 à une conférence organisée à La Roche-sur-Yon.

M. le préfet de la Vendée s'exprime ainsi :

« L'association ayant été fondée en 1880, c'est en 1901 que l'article 19 de ses statuts recevra sa première application. Il est, vous le savez, ainsi conçu :

« Tous les sociétaires ayant vingt ans de présence effective dans la Société auront droit au partage intégral des intérêts de l'avoir de la Société pendant l'année écoulée. »

M. Joseph Bertrand, secrétaire perpétuel, de l'Académie des sciences, membre de l'Académie française, discutant cet article 19 dans le numéro de février dernier du *Journal des Savants*, s'exprime ainsi :

« Il en résulte que d'après des prévisions très plausibles, les fondateurs en échange de leur versement, égal en tout à 240 francs représentant 12 francs par an pendant vingt ans, auront droit, à la fin de la vingtième année, à une part supérieure à 1,000 francs. »

Et cependant M. Joseph Bertrand n'est point, Messieurs, un de vos partisans, peut-être parce que dans les Académies on aime moins ce qui sera que ce qui fut, ce qui doit être que ce qui n'est plus. Ce sont les Prévoyants du passé.

Le raisonnement de l'éminent algébriste est d'ailleurs fort paradoxal. « Je ne vois rien d'impossible, dit-il, à ce que sous le coup de ce dividende, la Société, qui étendra alors son réseau sur tout le pays, ne recrute en cette seule année, la vingt-et-unième, une masse de plus de cent mille adhérents. »

Où serait le mal? Sans doute, les parties prenantes deviendront de ce fait plus nombreuses, mais M. Bertrand omet de remarquer (les grands savants sont si distraits), que cent mille adhérents nouveaux qui, pendant vingt ans, ne toucheront rien et verseront chacun 1 franc par mois, cela fait bel et bien 24 millions, tombant sans charge aucune dans la caisse sociale. M. Bertrand prononce même le mot d'anémie. Il oublie qu'une grande association populaire, pleine de sève et de vitalité, n'a point à craindre cela et que c'est un mal académique.

Que ceux qui veulent venir à nous ou nous amener des adhérents lisent attentivement nos statuts. Notre Association ne **s'impose pas,** tous peuvent en faire partie à la condition d'*en respecter les statuts*. Il serait donc indigne d'un caractère droit d'entrer dans notre Société pour en changer les bases, surtout après avoir signé la formule suivante en adhérant :

« Après avoir pris connaissance des statuts de la Société les *Prévoyants de l'Avenir*, je déclare les accepter dans leur teneur et demande à faire partie de la Société. »

Que ceux qui veulent épargner et non lutter et qui sont soucieux du bien-être de leurs semblables et de leur bien-être personnel adhèrent donc aux Prévoyants et qu'ils se rappellent que cette œuvre de paix sociale et d'union a pour devise un mot merveilleux, dont on a pu abuser parfois, mais qui n'a rien perdu de sa force : FRATERNITÉ.

MEMBRES DU COMITÉ CENTRAL

ANNÉE 1888

CHATELUS, *président*, rue des Etuves-St-Martin, 13

DUGAS, *vice-président*, rue Boulard, 11.

RÉJUS, *trésorier général*, rue du Départ, 19.

BUHL, *comptable général*, boulevard Barbès, 18.

LARROCHE, *comptable*, rue Vieille-du-Temple, 64.

LEFÈVRE, *compt.*, r. de Paris, 60, à Ivry-sur-Seine.

MOREL, *compt. délégué à la* 25e *sect.*, r. des Fourneaux, 77

ROGER (L.), *secrétaire général*, av. Labourdonnais, 9.

ACHÉ, *secrétaire*, rue du Bouloi, 15.

BRU, *secrétaire* (sup.), à l'Hosp. de Bicêtre, à Gentilly.

BRUNET, *secrétaire*, rue de Paris, 64, à Ivry-s/Seine.

DESJARDINS, *secrétaire* (sup.), rue Danville, 2.

DESORMES, *secrétaire*, rue Denfert-Rochereau, 41.

DUCHEMIN, *secrétaire*, rue Danicourt, 22, à Malakoff.

GRUYTER (A. DE), *secrét.*, quai de l'Hôtel-de-Ville, 78.

LAGARRIGUE, *secrétaire*, rue La Boëtie, 28.

LALANNE, *secrétaire*, rue du Battoir, 9.

SALMON, *secrétaire*, *délégué à la* 25e *section*, faubourg Saint-Martin, 55.

SON, *secrétaire*, rue des Rosiers, 14.

TACONET, *secrétaire*, rue de Sèvres, 87.

COLMACHE, *archiviste général*, rue Traversière, 63.

GEOFFROY, *archiviste* (sup.), rue Beaubourg, 17.

PARIS, *archiviste*, rue des Lions-Saint-Paul, 9.

TRIBOUT, *archiviste*, r. du Landy, 67, à St-Denis.

CONSEIL SUPÉRIEUR DE SURVEILLANCE
ANNÉE 1888

Sections

1re TAPIN, *président*, rue de Lille, 39, à Paris.
2 PORTAL, *vice-président*, rue St-Fiacre, 3, à Paris.
6 HUDON, *secrétaire*, rue Pernety, 75, à Paris.
13 THIBAULT, *secrét. adj.*, fbg St-Martin, 122, à Paris.
20 ANDRÉ, rue de Belleville, 80, à Paris.
12 AUDONNET (Adrien), rue St-Antoine, 99, à Paris.
83 BEAUDOIN, rue Mathis, 7, à Paris.
246 BOUJASSY, rue Vandamme, 28, à Paris.
97 BRU (P.), r. du Kremlin, 78, à Gentilly (Seine).
19 CAILLETON, faubourg St-Martin, 194, à Paris.
11 COMBES, rue Sedaine, 51, à Paris.
26 DEFLANDRE, r. Fontenay, 50, Vincennes (Seine).
10 DUFLOT, faubourg Saint-Martin, 164, à Paris.
3 DURAND, rue de Tracy, 13, à Paris.
113 FÉRAY, rue de la Mairie, 40, à Vanves (Seine).
7 GIRARDIN, passage St-Dominique, 21, à Paris.
32 GRISONNET, r. du 14 Juillet, 34, Prés-St-Gervais.
8 GROUSSIER, rue Louis-Blanc, 59, à Paris.
23 GUILLEAUME, rue Martinval, 30, Levallois-Perret.
22 HENZERD, rue du Moulin-de-la-Tour, Ivry-s/S.
24 HERGOTT, bd National, 77, Clichy-s/Seine.
78 JUSTAUD (E.), r. du Sentier, 16, Bois-Colombes.
15 MAINGREAU, bd Edgard-Quinet, 70, à Paris.
49 MANCHE, bd de Châteaudun, 19, St-Denis (Seine).
9 MAURUET, avenue Victoria, 7, à Paris.
99 PELLERIN, av. Batignolles, 132, St-Ouen (Seine).
16 PLACIER, rue Singer, 68, à Paris-Passy.
18 RENAUDIN, r. Sartois, 48, Garen.-Colomb. (Seine).
5 ROUSSEAU, rue de Mirbel, 4, à Paris.
14 THIMBAUT, rue de Seine, 36, à Paris.
17 TRIMOUILLE, rue de Moscou, 16, à Paris.
4 VIDEAU, villa Lucot, Joinville-le-Pont (Seine).

NOMBRE DE SECTIONS & TABLE PAR DÉPARTEMENTS

BUREAUX DE SECTIONS

Année 1888

AIN

BOURG (358ᵉ section)
Chatillon, *président*, rue de la République, 27.
Mornay, *vice-président*, boulevard Victor-Hugo, 44.
Chervin, *trésorier*, rue du Gouvernement, 32.
Louis, *trésorier adjoint*, faubourg du Jura, 35.
Convert, *comptable*, faubourg de Mâcon, 29.
Raymond, *secrétaire*, boulevard Victor-Hugo, 29.
Vuillet, *secrétaire adjoint*, boul. Victor-Hugo, 44.
Rigaud, *archiviste*, boulevard Victor-Hugo, 44.

CHATILLON-sur-CHALARONNE (357ᵉ section)
Rolland (Louis), *président*.
Décomble, *secrétaire*.
Durochat, *comptable*.
Juhem, *trésorier*.

LAGNIEU-LEYMENT (309ᵉ section)
Durochat (Maurice), *président*, à Leyment.
Viollet (Alphonse), *vice-président*, à Leyment.
Levrat (Joséphine), *trésorière*, à Leyment.
Framinet (François), *comptable*, à Leyment.
Rappet (Jeanne), *secrétaire*, à Leyment.
Thiévon (Marie), *archiviste*, à Leyment.
Rappet (Claudine), *trésorière adjointe*, à Leyment.

Surveillance : Roux (Jean), *président*, à Leyment. — Michaud, Levrat (Louis), Durochat (François) et Mˡˡᵉ Lamontagne (Hortense), *membres*.

MEXIMIEUX (343ᵉ section)
Greg (P.), *président*.
Mᵐᵉ Meunier, *vice-présidente*.
Millet, *trésorier*.
Gros, *comptable*.
Meyet (Jean-Marie), *secrétaire*.
Greg (Jean-Marie), *archiviste*.

Surveillance : BERTRAND (Francisque), *président*. — VENARD (Humbert), COCHET (Blaise), *membres*.

MONTREVEL (171e section).

PERDRIX (Benoît), *président*,
FORAY (Georges), *vice-président*.
FAVIER (Charles), *trésorier*.
CHAPUIS (Charles), *trésorier adjoint*.
FORAY (Victor)), *secrétaire*.
BROCHAND dit RENAUD (Narcisse), *secrétaire adjoint*.
PAUBEL (Mlle Emma), *comptable*.
BERTHILLOD (Victor), *archiviste*.

Surveillance : BOURGEOIS (Jean-Claude), *président*. — PITRE (Marcelin), DUBOIS (Jean-Baptiste), LOUVET (Amédée), ROBIN (Aristide), *membres*.

NANTUA-MONTRÉAL (361e section).

MONTANGE (Félix), *président*, à Montréal.
BUTAVAND (Michel), *secrétaire*.
BOMBARD (Louis), *comptable*.
BOMBOIS (Louis), *trésorier*.

OYONNAX (339e section).

JEANTET (A.), *président*.
GACHON (P.), *vice-président*.
VOILLAT, *secrétaire*.
CUAT, *secrétaire adjoint*.
TRONCHET (Jules), *comptable*.
BOLLÉ (Constant), *trésorier*.
PICHON (Victor), *trésorier adjoint*.
PICHON (François), *archiviste*.

Surveillance : BERTRAND, *président*. — TRONCHET (Victor), JUILLARD, MICHEL (Victor), COLLETTA, *membres*.

AISNE

SAINT-QUENTIN (114e section).

COQUETTE, *président*, rue Denfert-Rochereau, 53.
DEVAUX, *vice-président*, route de Paris, 46.
COCRELLE, *trésorier*, rue de Tunis, 16.
JOSPIN, *trésorier adjoint*.
DELVIGNE, *comptable*, rue Saint-Jean, 30.
DOUEN, *comptable adjoint*, r. Denfert-Rochereau, 122.

THUET, *secrétaire*, boulevard Richelieu, 37.
OGER, *secrétaire adjoint*, rue Mulot, 44.
FAREZ, *archiviste*, à Fayet (près Saint-Quentin).

Surveillance : LÉONARD (Ernest), *président*, rue Mulot, 50 bis. — MONFOURNY (Diogène), DAUDVILLE, LOLLIEUX (Julior), DEGHILAGE (Léopold), *membres*.

SOISSONS (227ᵉ section).

POMEROL (Auguste), *président*, à Vauxrot.
LUSSIER (Félix), *vice-président*.
LAGUERRE, *secrétaire*, rue Saint-Martin, 31 (Soissons).
PERRIOT (H.), *trésorier*, à Vauxrot.
MERCIER (Jules), *trésorier adjoint*.

Surveillance : MENUT (Louis), *président*, à Vauxrot. — SALÉ (Amédée), BONNARD (Antoine), POROT (Lazare), MARILLIER (Pierre), *membres*.

ALGER

ALGER (67ᵉ section).

LEROY-GARRIAU, *président*, rue St-Augustin, 1.
GOGIOSO, *vice-président*, Paris.
LEROY-GARRIAU (Mᵐᵉ), *secr.*, rue St-Augustin, 1.
BREUILLARD, *secr.-adj.*, r. de Constantine, 1 (Agha).
MAUREL, *trésorier*, rue Henri-Martin, 15.
TOLMER, *trésorier adjoint*, caserne Chanzy.
MALEVAL, *comptable*, Banque de l'Algérie.
DUCASSE, *archiviste*, caserne Chanzy.

Surveillance : RUDEL, *président*, rue des Tanneurs. — LAMOTHE, CAVAILLÈS, BEZIAT, LAGADEC, *membres*.

BERROUAGHIA (297ᵉ section).

BASCANS, *président*, boulevard du Nord.
NIPPERT, *vice-président*, boulevard du Nord.
MIVIÈRE, *trésorier*, bureau de poste.
SICARD, *trésorier adjoint*, rue de Laghouat.
INNOCENTI, *comptable*, boulevard du Sud.
LAYRISSE, *secrétaire*, boulevard du Nord.
BOURELY, *secrétaire adjoint*, pénitencier agricole.
TOMASINI, *archiviste*, rue Cheurfa.

Surveillance : SICARD (Jules), *président*, rue de l'Eglise. — CUTOLI (Auguste), JEAN (Albert), GALAND (Auguste), DARMON (Jules), *membres*.

MUSTAPHA (252e section).

GUEIDON, *président.*
LESCORNELL, *vice-président.*
BOUGOGNON, *secrétaire.*
CRESPO, *secrétaire adjoint.*
TEISSEIRE, *comptable.*
REY, *trésorier.*
BAU X, *trésorier adjoint.*
Mme TEISSEIRE, *archiviste.*

Surveillance : BAZUS, *président.* — Mmes LE-CARPENTIER, BRUNA, MM. MANTOUT, GAUDARD, *membres.*

ALLIER

CUSSET (249e section).

GUILLOIS (Charles), *président,* à Darcin.
DAVID, *trésorier,* rue des Bons-Enfants.
BOUCHERAND, *secrétaire,* rue des Capucins.
GUILLOIS (Stanislas), *comptable,* à Darcin.
CARTALLIER, *archiviste,* rue des Capucins.

MONTLUÇON (303e section).

PARIZET, *président,* rue du Faubourg-Saint-Pierre.
VIELLE, *comptable,* rue du Faubourg-Saint-Pierre.
TRICOT, *trésorier,* rue des Nicauds.
DUCEAUD, *secrétaire,* rue du Faubourg-Saint-Pierre.

VICHY (183e section).

DESBREST (Ferdinand), *président.*
PLAVERET, *vice-président,* avenue des Célestins, 100.
MONET, *secrétaire,* rue Beauparlant, 20.
ETIENNE, *secrétaire adjoint,* chemin du Roi.
HERVIER, *trésorier,* rue d'Achet.
GIRAUDET (Mlle), *trésorière adjointe,* rue d'Achet.
VEXENAT, *comptable,* rue de Paris.
GIBIER, *archiviste,* rue du Docteur-Fouet.

ARDÈCHE

ANNONAY (72e section).

COMBE, *président,* rue Greffier-Menu, 10.
PEYSSON (Alfred), *vice-président.*
GÉAL *secrétaire,* rue de Cance, 39.
MAISONNAS, *secrét. adj.,* pl. du Champ, 6, à Malleval.
ORECCHIONI (Etienne), *comptable.*

GARDE, *trésorier*, rue Saint-Etienne, 2.
JAMET, *trésorier adjoint*, rue Montgolfier, 5.
ROCHE, *archiviste*, impasse de la Providence, 5.
CHAMBRON, *membre adjoint*, rue Fontanes.
LAVENIR, *membre adjoint*, rue Vidal, 19.

Surveillance : GAMON, *président*, rue Montgolfier, 42. — SAUZEAT (Joanny), COMBE (Emile),
ABEL (Ferdinand), PLUYE (Antoine), *membres*.

VALS-LES-BAINS (285ᵉ section).

LAGARDE (Abel), *président*.
LACROTTE (Arsène), *vice-président*.
CHAMBONNET (Anselme), *trésorier*.
BLACHÈRE (Jules), *trésorier adjoint*.
VICTOR (Léopold), *secrétaire*.
IMBERT (Félix), *secrétaire adjoint*.
MOULIN (Charles), *comptable*.
LACROTTE (Ernest), *archiviste*.

Surveillance : GIRAUD (Gaston), *président*. —
SEVENIER (Hippolyte), VERNET (Lacombe), BERTON
(Louis), CHASTAGNIER (Paulin), *membres*.

ARDENNES

MONTHERMÉ (328ᵉ section)..

VIET (Lucien), *président*, à Braux.
BISTON (Jules), *secrétaire*, à Braux.
PAYON (Jules-Emile), *comptable*, à Braux.
CANIARD (Ovide), *trésorier*, à Braux.

Surveillance : PELTIER (Jules-Edouard), *président*, à Braux. — DEFLANDRE (Henri), MENET
(Eugène), *membres*.

ARIÈGE

FOIX (292ᵉ section),

DELPECH, *président*, 2, rue Alsace-Lorraine.
GALY, *vice-président*, rue des Tanneurs.
BECQ, *secrétaire*, à Ganac, près Foix.
ALLARD, *secrétaire adjoint*, Bout de la Ville.
FUJOL, *trésorier*, rue Simorre, 2.
COSTER, *membre*, rue du Rival.
BABY, — rue de Larget, maison Marfaing.
STAHL, — brasserie allée de Villote.

Surveillance : BENOÎT, *président, hôtel* Benoît, au Pont. — GADRAT (Léon), PUJOL (Jean), GADRAT (Adolphe), LAMANQUE, *membres.*

LAVELANET (281e section).

BRUNEAU, *président,* rue Saint-Sernin.
DOUSSE, *vice-président,* place de la Révolution.
LACOSTE, *secrétaire,* à la Mairie.
DANJOU, *secrétaire adjoint,* rue du Pigeonnier.
TISSEYRE (Maurice), *trésorier,* rue Saint-Sernin.
TISSEYRE (Gabriel), *trésorier adjoint,* rue St-Sernin.
MAGNA, *comptable,* avenue de Mirepoix.
ALZINE, *archiviste,* rue Saint-Sernin.

Surveillance : MAUGARD, *président,* route de Belesta — BOYER, BAUDRU, DOUSSE (Eugène), PISTRE (Auguste), *membres.*

AUBE

TROYES (140e section).

MILAN, *président,* rue du Faubourg-Sainte-Savine, 5.
BARBOTTE, *vice-prés.,* rue du Pont-des-Champs, 29.
BRUN, *secrétaire,* rue des Noës, 7.
POITVIN, *secr. adj.,* rue de l'Ouest, 22 (Ste-Savine).
MONTIGNY, *trésorier,* rue du Pont-des-Champs, 30.
RIGOLET, *trésorier adj.,* boulevard du 14 Juillet, 40.
RILLOT, *comptable,* rue du Temple, 5.
VIÉNOT, *archiviste,* rue Lachat, 7.

Surveillance : GRIGNON, *président,* rive droite du Cassale, 2. — GUERRIER, PIERRE, FAUCHÉ, RICHARD, *membres.*

AUDE

BRAM-FANGEAUX (379e section).

ESTÈVE (Louis), *président,* à Bram.
RAYNIER (Honoré), *vice-président,* à Bram.
LACROIX (Firmin), *secrétaire,* à Bram.
POMIÈS (Pierre), *secrétaire adjoint,* à Bram.
RATABOUIL (Simon), *trésorier,* à Bram.
VILLEBRUN (Eugène), *trésorier adjoint,* à Bram.
BENAZET, *comptable,* à Bram.
PERRAMONT (Jacques), *archiviste,* à Bram.

CARCASSONNE (242e section).

CHESWRIGHT, *président*, usine de l'Ile.
NÉMON, *vice-président*, rue du Moulin-du-Roi.
CALMON, *secrétaire*, route de Narbonne, 5.
RIGAL, *secrétaire adjoint*, rue Basse, 12
DESCOUBES, *trésorier*, rue Trivalle, 77.
TERSTEG, *trésorier adjoint*, rue Barbacane.
ALBA, *comptable*, avenue du Pont-Neuf.
DULAC, *archiviste*, rue du Moulin-du-Roi.

Surveillance : SÉGALA (Benjamin), *président*,
rue Trivalle, 116. —VERT (Henri), MARCK (Albert),
LOUP (Pierre), CALMON (Georges), *membres*.

NARBONNE (352e section).

AUGÉ (Jean), *président*, à Bages.
MARTIN (Joseph), *vice-président*, à Bages.
PUEL (François), *secrétaire*, à Bages.
DELLONG (Baptistin), *secrétaire adjoint*, à Bages.
FARABOSC (Bernard), *trésorier*, à Bages.
GAÏSSET (Joseph), *trésorier adjoint*, à Bages.
CADASSUS (Silas), *comptable*, à Bages.
BERSEILLE (Jean), *archiviste*, à Bages.

Surveillance : AUGÉ (Benoît), *président*, à Bages
— BALMIGÈRE (François), DAUDÉ (Louis), MONTA-
GNAC (Denis), TESQUI (Benoît), *membres*.

QUILLAN (282e section).

DUFFIS (Benjamin), *président*, à Espéraza.
SIAN (Barthélemy), *vice-président*, à Espéraza.
GIBERT (Hippolyte), *trésorier*, à Espéraza.
CARTIÉ (Firmin), *trésorier adjoint*, à Espéraza.
RAYNAUD (Joseph), *comptable*, à Espéraza.
BARAT (Théodore), *secrétaire*, à Espéraza.
TOURNIÉ (Victor), *secrétaire adjoint*, à Espéraza.
BASSET (François), *archiviste*, à Espéraza.

Surveillance : PEILLE (Jean), *président*, à
Espéraza. — BOUCHAREN (Napoléon), ESCOLIER
(Pierre), MALLET (Baptiste), BONNET (B.), *membres*.

SIGEAN (294e section).

SAUNIÈRE, *président*, rue de la Poste, 7.
DEVEZE, *vice président*, chemin de Lapalme, 16.
SIVADE, *trésorier*, rue de la Mairie, 13.
FABRE, *trésorier adjoint*, rue de la République, 33.
RAYNAUD, *comptable*, jardin du Pla.

MOURQUAIROL, *secrétaire*, rue du Vieux-Sigean, 2.
GRAND, *secrétaire adjoint*, avenue de Narbonne, 21.
COMPRISTO, *archiviste*, rue du Château, 1.

Surveillance : DAVID (Jean-Pierre), *président*, avenue de Perpignan. — FABRE (Léonce), BONNAFOUX (Etienne), MARTY (Joseph), CAYREL (Hubert), *membres*.

AVEYRON

AUBIN (362ᵉ section).

CAMPERGUE, *président*, au Gua.
IMBERT, *vice-président*, au Gua.
BOUSQUET, *secrétaire*, au Gua.
POURCEL, *trésorier*, au Gua.
DEVEAUX, *trésorier adjoint*, au Gua.
CASSAGNE, *comptable*, à Combes.
MURATET, *secrétaire adjoint*, à Combes.
SOBLIER, *archiviste*, à Combes.

Surveillance : BRONDEL (Joseph), *président*. — SER (Camille), LAGARRIGUE (Adrien), OLIVIER (Marcellin), MOLINIER (Pierre), *membres*.

CAPDENAC (345ᵉ section).

RAYNAL (Hippolyte), *président*.
MARBEZY (Henri), *vice-président*.
SER (Prosper), *trésorier*.
COSTES fils (Auguste), *trésorier adjoint*.
SOULIÉ (Jean), *secrétaire*.
LABARTHE (Firmin), *secrétaire adjoint*.
ESTIVAL (Maurice), *comptable*.
BESSOU (Alphonse), *archiviste*.

Surveillance : TRANIÉ (Eugène), *président*. — THOMAS (François), GIRET (Louis), VIEILLESCAZES (Jean), FOURGOUS (Alexandre), *membres*.

MILLAU (348ᵉ section).

BENOIT, *président*, rue Antoine-Guy.
VIALA, *vice-président*, avenue Gambetta.
PRÉVÔT, *trésorier*, boulevard de la Capelle.
HORTHOLAN, *trésorier adjoint*, boulev. de l'Ayrolle.
VIDAL, *comptable*, au Collège.
GÉLY, *secrétaire*, rue Basse.
LAURET, *secrétaire adjoint*, rue de l'Hôpital.
LAGAZOTTE, *archiviste*, boulevard de l'Ayrolle.

Surveillance : SOLLASSOL (Emile), *président.* — POURCEL (Pierre), CARRAYROU (André), TALY (Alphonse), GALTIER (François), *membres.*

RODEZ (256ᵉ section).

VAREILLES, *président,* au Monastère.
VERGNES, *vice-président,* au Monastère.
EYBERT, *secrétaire,* boulevard Sainte-Catherine, 13.
DE ROUGET, *secrétaire adjoint,* au Monastère.
BESSE, *trésorier,* rue Carnus.
AUDEMARD, *trésorier adj.,* boul. de la République, 16.
ROST, *comptable,* place du Bourg, 4.
MAUREL, *archiviste,* place de la Madeleine.

Surveillance : LACOMBE (Louis), *président,* place de la Préfecture. — GROS (Camille), LOUP (Louis), GARRIGOU (Jean-Jules), FABRE (Charles), *membres.*

SAINT-AFFRIQUE (280ᵉ section).

CLUZEL, *président,* rue Saint-Antoine.
GUIRAUD, *vice-président,* rue de l'Industrie.
THOMAS, *secrétaire,* rue de l'Industrie.
GIRAUD, *secrétaire adjoint,* rue Saint-Antoine.
CÉRÉ, *trésorier,* place de l'Eglise.
GAUBERT, *trésorier adjoint,* place de la Mairie.
BARASCUD, *comptable,* rue Faubourg-de-la-Grave, 9.
MONTEL, *archiviste,* place au Blé.

Surveillance : VÉZINHET, (Auguste) *président,* avenue de Vabres. — FOURNOL (Paul), VALAT (Laurent), CUSSON (Spiridion), CUSTAU (Louis), *membres.*

VILLEFRANCHE (329ᵉ section).

BRAS, *président,* rue de la Fontaine.
VINCENT, *vice-président,* rue du Marché.
KLOSTER, *secrétaire,* faubourg Guiraudet.
BARBIER, *secrétaire adjoint,* faubourg Savignac.
DELPECH, *trésorier,* rue Droite.
TARAYRE, *trésorier adjoint,* rue Villeneuve.
BORDERIE, *comptable,* faubourg Villeneuve.
DESPLAS, *archiviste,* coin Notre-Dame.

Surveillance : CABALS, *président,* rue de la Fontaine. — DESANGLES (Auguste), COSTES (Isidore), LOUBATIÈRES (Jean-Louis), MARTY (Maximin), *membres.*

BOUCHES - DU - RHONE

MARSEILLE (330e section).

COSTE, *président*, rue Montbrion, 5.
MOUTARDIER, *vice-pr.*, rue de l'Abbé-Ferrand, 15.
TAP, *secrétaire*, rue Saint-Sépulcre, 2.
AUBERT (Alph.), *secrétaire adjoint*, rue Fortuné, 1.
CHRESTIEN, *trésorier*, cours Belzunce, 36.
CAVALIER, *trésorier adjoint*, r. Vincent-le-Blanc, 4.
FONTÈS, *comptable*, rue Saint-Sépulcre, 2.
BARRIER, *archiviste*, rue de la Butte, 1.

Surveillance : VENTRE, *président*, rue de la République, 96. — CURNY, TIGE, PONCHIER, VIALIO, *membres*.

CALVADOS

LISIEUX (46e section).

COGNY (Pascal), *receveur*, rue Saint-Dominique, 7.
MALASSIS (Georges), *receveur adjoint*.
CARON (Isidore), *receveur adjoint*.

CANTAL

MASSIAC (258e section).

RÉOL, *président*.
POULHE, *vice-président*.
BOMPARD, *secrétaire*, Brousse de Massiac.
CHALVET, *secrétaire adjoint*.
MIRIAL, *comptable*.
RONGIER, *trésorier*.
RESCHE, *archiviste*.
CHANSON, *trésorier adjoint*.

Surveillance : BURRUS DE DANGERAN, *président*. — LETHUAIRE, SOULIER, LASSALZÈDE, CUSSÉ, *membres*.

CHARENTE

ANGOULÊME (307e section).

DUPONT, *président*, rue des Bézines, 25.
BRUELLE, *vice-président*, chemin de Lavalette.
AUBINAUD, *trésorier*, route de Montmoreau.
TRIAUD (Georges), *trésorier adjoint*, rue Froide.
GALLAIS, *comptable*, rue de Montmoreau.

TRIAUD (Edmond), *secrétaire*, rue de Périgueux.
TEXIER, *secrétaire adjoint*, rue Montalembert.
MUSSET, *archiviste*, rue de la Tourgarnier.

Surveillance : DESVERGNES, *président*, rue des
Bézines. — PUNTEYAN, GUIOT fils, TESSIER (Hector), BUREAU, *membres*.

NERSAC (145e section).

DEBOUCHAUD (Georges), *prés.*, à Pombreton-Nersac.
GUIMBERTAUD, *vice-président*, à Pombreton-Nersac.
DENOT (Léon), *trésorier*.
P. LABROUSSE (Pierre), *secrétaire*, au Peux-Nersac.
LAUNAY (Philippe), *secrétaire adj.*, à la Fuye-Nersac.
BLANCHET (Émile), *comptable*, à Pombreton-Nersac.
MARGATY (Alfred), *archiviste*.

Surveillance : DEBOUCHAUD (Georges), *président*, à Pombreton-Nersac. — LABROUSSE (Pierre),
Launay (Philippe), *membres*.

VILLEFAGNAN (225e section).

FEUILLET, *président*.
TROUVE, *vice-président*, à la Faye.
CHAURIAL (Célestin), *trésorier*.
FLAUD, *trésorier adjoint*, à la Faye.
QUERON (Jean), *secrétaire*, à Raix.
QUERON, *secrétaire adjoint*, à Courcome.
CHAURIAL, *archiviste*.

CHARENTE-INFÉRIEURE

ILE-DE-RÉ (108e section).

MONTUS, *président*, rue du Pavillon, à La Flotte.
LE GUEN, *vice-président*, sur le Port, à La Flotte.
BARBOTTIN, *secrétaire*, rue du Cimetière, à La Flotte.
HÉRAUD, *secr. adj.*, pl de la Clavette, à La Flotte.
TOUZEAU-CHAIGNE, *trésorier*, r. du Pavillon, à La Flotte.
BOUTHILLIER, *trésorier adj.*, r. du Marché, à La Flotte.
ANGIBEAU, *comptable*, rue de l'Hôpital, à La Flotte.
COCHOIS-RAITON, *archiviste*, r. du Pavillon, à La Flotte.

Surveillance : BRULON (François), *président*,
Grande-Velcine, à La Flotte.—CHAIGNE (Edouard),
RAITON (Pierre), RENEAU-CHANGEUR, GUILLON
(Georges), *membres*.

ROCHEFORT-s.-MER (257e section).

BIGNONEAU, *président*, rue Lafayette, 80.
VILLAUMAY, *vice-président*, rue de l'Arsenal, 14.

3

TROUILH, *secrétaire*, rue Saint-Louis, 3.
BOISSY, *secrétaire adjoint*, rue Martrou, 24.
MARTIN, *trésorier*, rue Saint-Louis, 3.
SAVARIT, *trésorier adjoint*, rue Toufaire, 51.
GROLLEAU, *comptable*, rue Lafayette, 36.
FAURE, *archiviste*, rue Audry-de-Puyravault, 44.

Surveillance : CHAGNOLLEAU, *président*, rue Lesson, 13. — MONTEIL, NAUD, THOMÉ, CHARRON, *membres.*

SAINTES (250e section).

BRUNAUD, *président*, rue Saint-Vivien, 3.
JOSSAND, *vice-président*, rue Arc-de-Triomphe, 88.
VERBIAL, *trésorier*, rue Saint-Pierre, 4.
CHEVRIER, *trésorier adjoint*, au Beaupeu.
LAMOUR, *secrétaire*, rue Saint-Eutrope, 122.
PIGUENIT, *secrétaire adjoint*, rue aux Herbes, 21.
LINLAUD, *comptable*, rue de l'Eclair, 31.
PLAUTE, *archiviste*, rue Arc-de-Triomphe, 90.

Surveillance : BAILLOT, *président*, rue du Pérat, 36. — CHEMINAUD, MERCEREAU, COMTE, LAURENT, *membres.*

TONNAY-CHARENTE (161e section).

JOUSSEMET, *président*, rue Nationale.
NIVET, *vice-président*, rue Nationale.
GUILLET, *trésorier*, rue de la Cité.
ROBERT, *trésorier adjoint*, rue de l'Etier-Boyer.
CHAPUT, *comptable*, rue Nationale.
ORTIJÉ, *comptable adjoint*, rue Nationale.
BOURDY, *secrétaire*, rue de la Cité.
SOUTOUL, *secrétaire adjoint*, quai du Commerce.
PARPAIX, *archiviste*, rue Nationale (pont).

Surveillance : DOGNON, *président*, rue de la Cité. — BERINGER (Victor), CROISE (Henri), TAILLEBOIS (Ludovic), GERDÈS (Hermann), *membres.*

CHER

BOURGES (51e section).

FAUVE, *président*, boulevard Saint-Paul, 10 bis.
MERLE, *vice-président*, rue Coursalon, 45.
PATUREAU, *trésorier*, rue des Buissons, 2.
LERAY, *trésorier adjoint*, rue Coin-Haslay, 19.

MILLIER, *secrétaire*, quai du Bassin, 9.
BERTHELIER, *secrétaire adjoint*, rue Jurunville, 22.
BRUNET, *comptable*, rue Jurunville, 17.
PORCHER, *archiviste*, avenue de la Gare.

Surveillance : MARIN, rue Jean-Boucher. —
TAUPIN, PAINSON, BELLATON, BOEUF, *membres*.

HENRICHEMONT (337e section).

DESCHAMPS (Ernest), *président*.
DUMAS (Achille), *vice-président*.
MORILLON (Louis-Philippe), *secrétaire*.
LACROIX (Paul), *secrétaire adjoint*.
PETIT (Octave), *trésorier*.
DUBOIS (Fernand), *trésorier adjoint*.
DABERT (Fernand), *comptable*.
RAFFESTIN (Isidore), *archiviste*.

Surveillance : GILLET (Ernest), *président*. —
GILET (Joseph), MORIZET (Auguste), FOUCHARD
(Auguste), ROBINEAU (Augustin), *membres*.

MÉHUN-SUR-YÈVRE (150e section)

LARCHEVÊQUE, *président*, rue des Ponts.
BOUQUIN, *vice-président*, rue du Boulevard.
RÉAU, *secrétaire*.
PERRIN, *secrétaire adjoint*, avenue de la Gare.
LAMARRE (Georges), *trésorier*, avenue de la Gare.
SALMON, *trésorier adjoint*, rue de la Brune.
RAPIN, *comptable*, rue de l'Horloge.
LAMARRE (Charles), *archiviste*, avenue de la Gare.

Surveillance : SOULAT, *président*, avenue de
la Gare. — YOKEL (Victor), PERCHER (Pierre),
LEBAS (Henri), BAUDRON (Frédéric), *membres*.

OUROUER-L.-BOURDELINS (142e s.).

COURTAULT-RAPHANEL (A.), *président*, aux Bourdelins.
THÉNEVEAU (Lucien), *secrétaire*, aux Bourdelins.
ROUDIER (Jean), *trésorier*, aux Bourdelins.
PAQUAULT (Théophile), *comptable*, aux Bourdelins.
MARRONNIER (Ursin), *archiviste*, aux Bourdelins.

Surveillance : DURAND-AUGER (Etienne), *pré-*
sident, aux Bourdelins. — MANGONNET, CHARRIER
(Antoine), CARDUCHE (Louis), PLOTARD (Louis),
membres.

SAINT-AMAND (86ᵉ section).

LAINAULT, *président*, rue des Marmousets, 1.
BÉNETEAU, *vice-président*, rue des Carmes, 1.
BOUCHARD, *trésorier*, rue de l'Image, 17.
MORTAGNE, *trésorier adjoint*, rue des Victoires.
ROUAULT, *comptable*, rue Fradet, 7.
GALET, *secrétaire*, rue Fradet.
MUSSIÈRE, *secrétaire adjoint*, rue Lafayette, 71.
BRUNET, *archiviste*, rue de l'Écu, 1.

Surveillance : RENAUD, *président*, rue d'Austerlitz. — DANIEL-CHAMBON, BLOT, DUBOIS, NORMANDON, *membres*.

SAINT-FLORENT-SUR-CHER (181ᵉ s.).

LADEVÈZE, *président*, rue de la Gare.
DARTIER, *vice-président*, rue de la Gare.
LABBÉ (Léon), *vice-président*, rue du Cher.
BALUT, *vice-président*, rue du Cher.
RÉROLLE, *secrétaire*, rue du Cher.
DELHOUME, *secrétaire adjoint*, rue de Dun.
JUSSERAND, *trésorier*, rue de la Gare.
CAZÉSUS, *trésorier adjoint*, rue du Cher.
JEAMPIERRE, *comptable*, rue du Cher.
BAUJARD, *archiviste*, rue du Cher.

Surveillance: LABBÉ (Louis), *président*, rue du Cher. — VINÇON, PICHON (François), ROUX (Edouard), NORMAND, *membres*.

SANCOINS (222ᵉ section).

VACHER-RABY, *président*, Grande-Rue.
SOULAT, *vice-président*, Grande-Rue.
VALET-DELHOMME, *trésorier*, place du Marché.
PROST, *trésorier adjoint*, rue de l'Hôtel-de-Ville.
RENARD, *secrétaire*, rue de Saint-Amand.
DEVIOTTE, *secrétaire adjoint*, rue de Nevers.
BARILLET, *comptable*, Grande-Rue.
BUREAU, *archiviste*, Grande-Rue.

Surveillance : PERRIOT, *président*, place de la Halle. — AUDENET (Barthélemy), ROMANI (François), DUMONT (François), GUILLEMET (Alphonse), *membres*.

VIERZON (206ᵉ section).

GOFFART, *président*, route de Paris.
GARRÉ, *vice-président*, rue du Putet.
PIERRE, *secrétaire*, rue des Pompes.

VACHON, *secrétaire adjoint*, rue Saint-Pierre.
FÉLIX, *trésorier*, Ecole nationale.
RIMBAULT, *trésorier adjoint*, route de Paris.
DUFRESNE, *comptable*, quai de Grossous.
BRUNET, *archiviste*, rue Gourdon.

Surveillance : MELIN, *président*, rue Porte-aux-Bœufs. — FRÉBLING, BOISSET, ZYEGELMEYER, AUSSÈRE, *membres*.

CORRÈZE

BEAULIEU (77ᵉ section).

COURTEAU *président*, rue de la Chapelle.
GARRIGUE, *vice-président*, rue de Mirabel.
ESCARAVAGE, *trésorier*, rue de la Mairie.
CHAPOULARD *trésorier adjoint*, rue St-Roch.
DUNOYER, *secrétaire*, route Nationale.
FAUCHER *secrétaire adjoint*, route Nationale.
FORGE, *comptable*, route Nationale.
MERY, *archiviste*, route Nationale.

Surveillance : CHEYLA, *président*, place Gambetta. — SOULIÉ (Paul), DELLUC (François), FOUIX (Marius), DAUVIS (Jules).

MEYMAC (172ᵉ section).

MAZAUD (Lucien), *président*.
PAUPARD (Louis), *vice-président*.
VERVIALLE (Antoine), *secrétaire*.
THIALLET (Hippolyte), *secrétaire adjoint*.
ESPINAT (Simon), *trésorier*.
DELMAS (Arthur), *trésorier adjoint*.
ESTAGER (Hippolyte), *comptable*.
MARGAT (G.-Paul), *archiviste*.

Surveillance : BONNET (Léonard), *président* — MARGAT (Pierre-Baptiste), SALAGNAC (Peirre), MONTEIL (Jean), Mempontel (Etienne), *membres*.

MEYSSAC (136ᵉ section).

CONDAMINE, *président*.
GORSE.
TRONCHE.
MAGNE.
RIVET.
VAILLE.

REYJAL.
PAULIAC.

Surveillance : CHARAZAC, *président.* — MOR-
LET, REYNAL, ROUX, CHÈZE, *membres.*

COTE-D'OR

DIJON 320ᵉ (section).

NIQUET, *président,* boulevard Voltaire, 22.
CURÉ, *secrétaire,* boulevard Voltaire, 22.
THUBET, *trésorier,* boulevard de Strasbourg.
GEOFFROY, *comptable,* rue des Forges, 15.

POMMARD (176ᵉ section).

LENOIR (Victor), *président.*
BARATHON (Ferdinand), *vice-président.*
DESCHAMPS (Jules), *secrétaire.*
MICHELOT (Auguste), *secrétaire adjoint.*
GIRARDIN (Robert), *trésorier.*
VAMDOISEY (Henri) *trésorier adjoint.*
ORGELOT (Bernardin), *comptable.*
MICHELOT (François), *archiviste.*

Surveillance : CHAIX (Clément), *président.* —
THEVENOT (Joseph), MOUQUIN (Jean), ROZET (Jean),
JARLOT (Jean), *membres.*

CREUSE

CHÉNÉRAILLES (311ᵉ section).

MORISSON (Auguste), *président.*
BOUDARD (Alexis), *comptable.*
DELAGE (Gustave), *trésorier.*
LACHAMBRE (Octave), *secrétaire.*

Surveillance : MORISSON (Siméon), *président.*
— CHAULIER (Bapt.), SEMENTERY (Joseph), *memb.*

DOUBS

SELONCOURT-BLAMONT (244ᵉ sect.)

BONAME (Georges-Louis), *président,* à Seloncourt.
BONNOT (Louis-Valentin), *vice-président,* à Seloncourt.
LANDE (Pierre-Eugène), *secrétaire,* à Seloncourt.
GARTNER (Constant), *secrétaire adjoint,* à Seloncourt.
COULON (Ulysse-Gustave), *trésorier,* à Seloncourt.
CRAMOTTE (Charles), *trésorier adjoint,* à Seloncourt.

WENTZRIEDT (Emile), c⹁mptable, à Seloncourt.
MAILLARD-SALIN-GNENTAL, compt. adj., à Seloncourt.
QUAILE-EUVRARD, archiviste.

Surveillance : METTETAL (Louis-Henri), président. — QUAILE (Louis), QUAILE-BERLY (Fritz), BONAME (Emile-Paul), ROUX (Louis), membres,

DROME

BOURG-DE-PÉAGE (215ᵉ section).

CUOC, président, rue du Temple.
VANIÈRE, vice-président, place des Minimes.
BAUX, secrétaire, rue du Temple.
DEMESSIEUX, secrétaire adjoint, rue de l'Alibate.
GARNIER, trésorier, rue du Temple.
CORRÉARD, trésorier adjoint, Grande-Rue.
GAUD, comptable, rue de l'Alibate.
MAGNAT, archiviste, rue des Teppes.

Surveillance : ROUSSET (Joseph), président, rue des Adoux. — DIDIER (Charles), ROUX (Ferdinand), FAURE (Jules), RIFFARD (Eugène), membres.

ROMANS (211ᵉ section).

ALLONCLE, président, rue Solférino.
GERIN, vice-président, côte Jacquemart.
DEGIRON, trésorier, cours Bonnaveau, 18.
GIROD, trésorier adjoint, rue Cadier, 3.
SIBERT, secrétaire, quartier des Etournelles.
VANIÈRE, secrétaire adjoint, rue Saint-Antoine.
LÉAUTIER, comptable, postes et télégraphes.
BROET, archiviste, rue Condillac.

Surveillance : PENET, président, place Jacquemart. — BOUVIER (Paul), DESCOMBES (Louis), RODET (Hippolyte), CHIROUZE (Henri), membres.

SAINT-VALLIER (94ᵉ section).

LEGRAND, président, rue d'Alger.
GRENIER, vice-président, rue Saint-Rambert.
BEGOT, trésorier, rue Saint-Rambert.
NICOLAS, trésorier adjoint, rue d'Alger.
BUISSONNET, secrétaire, rue Saint-Rambert.
VOSSIER, secrétaire adjoint, Grande-Rue.
ESCOFFIER, comptable, rue de Marseille.
ROULLET, archiviste, rue Saint-Rambert.

Surveillance : CHARRE (Joseph), *président*, à Laveyron. — NICOUD (André), NUBLAT (Marin), MABILAN (Auguste), FAURE (Philippe), ROBIN, FRACHON (Victor), *membres.*

EURE

ÉVREUX (102ᵉ section).

FERRAY, *président*, place du Grand-Carrefour.
PONSON, *vice-président*, rue du Moulin-Vieux, 9.
AUBÉ, *trésorier*, rue du Faubourg-Saint-Léger.
AHR (Antoine), *trésorier adjoint*, route de Gravigny.
NUS-BAUMER, *comptable*, route de Gravigny.
VIEULES, *secrétaire*, rue Joséphine, 81.
RIMBAUT, *secrétaire adj.*, rue du Faub.-St-Léger, 7.
LEMARCHAND, *archiviste*, rue Saint-Thomas, 4.

Surveillance : MASSOT, *président*, rue du Chantier, 4. — LECOMTE, QUINCAMPOIX, AHR (Michel), BIBOLLET, *membres.*

GISORS (74ᵉ section).

LE BLOND, *président*, rue du Bourg.
BIQUELLE fils, *vice-président*, rue de Paris.
PALLUT, *trésorier*, rue Cappeville.
GOUDON, *trésorier adjoint*, porte de Neaufles.
MIMEUR, *secrétaire*, rue Dauphine.
ANDRIEUX, *secrétaire adjoint*, rue Saint-Gervais.
MARÉCHAL, *comptable*, rue Saint-Gervais.
FOUQUE, *archiviste*, à Neaufles (près Gisors).

Surveillance : PELLÉ, *président*, rue de Paris. —VION, BIQUELLE père, HÉBERT, CROSNIER (Henri), *membres.*

PONT-AUDEMER (270ᵉ section).

MOUTIER, *président*, rue Notre-Dame-du-Pré.
SAINT-GRY (Jules), *vice-président*, rue Gambetta.
COPARD, *secrétaire*, route de Lisieux.
SAINT-GRY (Michel), *secr. adj.*, r. Guillaume-Cousin.
FESSARD, *trésorier*, rue de Saint-Germain.
DESRUES, *trésorier adjoint*, route de Bernay.
WEISSE, *comptable*, quai de la Prison.
GIANOTTI, *archiviste*, Grande-Rue.

Surveillance : COQUIN, *président*, route de Rouen.—LEMERCIER, BUNEL, FILLIATRE, TREMOIS, *membres.*

EURE-ET-LOIR

CHARTRES (138e section),

BOURGEOIS, *président*, rue Philippe-Desportes, 5.
LELONG, *vice-président*, rue de la Volaille, 18.
LE VASSOR, *secrétaire*, rue aux Ormes, 9.
MAIGNANT, *secrétaire adjoint*, rue de la Foulerie.
JACQUOT, *trésorier*, rue de la Volaille, 8.
DESGORGES, *trésorier adjoint*, rue d'Aligre, 9.
TEVERT, *comptable*, rue Porte-Cendreuse, 9.
DENOS, *archiviste*, rue Chauveau-Lagarde, 28

Surveillance : ROUARD-CHATEAU, *président*, rue des Changes, 17. — LABICHE, HOUDARD, MAISONNIER, SCHMITT, *membres.*

CLOYES (90e section).

BRETON (Alfred), *président*.
RACAULT (Constant), *vice-président*.
DUPONT (Albert), *secrétaire*.
PATEAU (Justin), *secrétaire adjoint*.
HASLÉ (François, *comptable*.
BRUNEAU (Adrien), *trésorier*.
GORTEAU (Denis), *trésorier adjoint*.
POHU (Aurélien), *archiviste.*

Surveillance : CLÉMENT (Léon), *président*. — MARION (Emile), PATEAU (Charles), Janvier (Julien), ROBERT (Jules), *membres.*

DREUX (270e section).

MENIN, *président*, rue Saint-Denis.
BROUT, *vice-président*, rue Saint-Denis.
CHENAY, *comptable*, place Métezeau.
BAJOT, *trésorier*, rue aux Tanneurs, 18.
THOMAS, *trésorier adjoint*, rue Saint-Martin.
PERRAULT, *secrétaire*, rue Porte-Chartraine.
PERRATTE, *secrétaire adjoint*, rue Saint-Denis.
PASQUET, *archiviste*, rue aux Tanneurs.

NOGENT-LE-ROTROU (107e section).

GOUVERNEUR, *président*, rue Dorée.
REYNAUD, *vice-président*, rue Saint-Lazare.
CHEVRON, *secrétaire*, rue des Prés, 39.
POUSSIN, *secrétaire adjoint*, rue des Tanneurs.
LEGUAY, *trésorier*, rue Saint-Denis.
MÉDARD, *trésorier adjoint*, rue des Tanneurs.

PAPILLON, *comptable*, rue des Prés,
GILLOT, *archiviste*, rue Saint-Laurent.

Surveillance : HAMELIN, rue Tochon, DELEUZE, GODET, BRAULT, COURPOTIN, *membres.*

GARD

ARAMON (290e section).

ROSIER (Pierre), *président.*
CLARIS (Etienne), *vice-président.*
MOUREAU (Joseph), *secrétaire.*
MENON (Alexandre), *secrétaire adjoint.*
HUGUES (Michel), *trésorier.*
BONNET (Antoine), *trésorier adjoint.*
HUGUES (Henri), *comptable.*
ROSIER (Joseph), *archiviste.*

Surveillance : GUILLERMET, *président*, quartier du Plaisir. — CHAPUS (Etienne), ROSIER (Alfred), DUNAN (Louis), BENOITON (Louis), *membres.*

BESSÈGES (234e section).

DELFIEU, *président*, rue Peyremale, 12.
VINSSON, *vice-président*, rue Peyremale, 58.
DONADILLE, *trésorier*, rue Peyremale, 41.
ARGENSON, *trésorier adjoint*, rue Peyremale, 49.
THIBOU, *secrétaire*, rue du Traver, 30.
TRAIN, *secrétaire adjoint*, à Lalle.
TOURREL, *comptable*, rue du Traver, 17.
MAURIN, *comptable adjoint.*

Surveillance : FABRÈGUE, *président*, rue Peyremale, 7. — DUMAS (Eugène), BERTHOU (Jules), MERLE (Paulin), CHAMPETIER (Auguste), *membres.*

NIMES (368e section).

PASCAL, *président*, rue de Chaffoy, 8.
CARRIÈRE, *vice-président*, rue Ruffy, 2.
SCIO, *trésorier*, rue Jean-Reboul, 36.
BAISSAC, *trésorier adjoint*, square de la Couronne, 1.
GIRAN, *comptable*, rue de la Curaterie, 5.
JAMME, *secrétaire*, rue Richelieu, 30.
LASPEYRE, *secrétaire adjoint*, rue Ste-Marguerite, 5.
DAYRE, *archiviste*, rue Saint-Charles, 6.

Surveillance : BOITEAU, *président*, rue de l'Abattoir, 9. — GILLLY (Edouard), MAZEL (Frédéric), POUSSEGUES (Albert), CAZALET (Etienne), *membres.*

PONT-SAINT-ESPRIT (319e section).

BLEIN (Jules), *président.*
JULIEN (Paul), *vice-président.*
EYBERT (Charles), *trésorier.*
PIALLAT (Léon), *trésorier adjoint.*
BOUCHARD (Anatole), *comptable.*
TACUSSEL (Antoine), *secrétaire.*
CONSTANCE (Augustin), *secrétaire adjoint.*
DELAURIER (Eugène), *archiviste.*

Surveillance : AUFFÈVE (Pierre), *président.* —
BOYER (Louis), DELEUZE (Adrien), BONGAT (André),
SAUVAN (Paul), *membres.*

ROQUEMAURE (202e section).

CHEVALIER (Prosper), *président,* à Sauveterre.
VIDAL (Paul), *vice-président,* à Sauveterre.
RANQUET (Joseph), *trésorier,* à Sauveterre.
BORDEL (Casimir), *trésorier adjoint,* à Sauveterre.
ANGEVIN (Jean-Pierre), *secrétaire,* à Sauveterre.
CAPPEAU (Blaise), *secrétaire adjoint,* à Sauveterre.
CHEVALIER (Moïse), *comptable,* à Sauveterre.
DAVID (Guillaume), *archiviste,* hameau de Fours.

Surveillance : SERGUIER, *président,* à Sauveterre. — VIGNE (Jean), RICHARD (Jules), GONNET
(Simon), CAMBE (François), *membres.*

St-ANDRÉ-DE-VALBORGNE (356e s.).

FOREST (Alfred), *président.*
LIBOUREL (Edmond), *vice-président.*
ROQUES (Ernest), *secrétaire.*
ALLIER (Mlle Adrienne), *secrétaire adjointe.*
TURC (Jean-Louis), *trésorier.*
TÉRISSE (Henri), *trésorier adjoint.*
GREFFEUILLE (Emile), *comptable.*
RIGAL (Mlle Marie), *archiviste.*

Surveillance : DELPUECH (Henri), *président.*
—RODIER (Camille), DAUNIS (Scipion), GREFFEUILLE
(Henri), PLANQUE (Albert), *membres.*

SAINT-JEAN-DU-GARD (85e section).

MOMBOUNOUX (J.), *président.*
BÉNÉZET (Jules), *vice-président.*
LAURET (Jules), *secrétaire.*
VILLERS (Albin), *secrétaire adjoint.*
TRAVIER (Jules), *comptable*

GASCUEL (Achille), *comptable adjoint.*
TEISSIER (Albin), *trésorier.*
LEGRAND (Alexandre), *archiviste.*

Surveillance : TARDRES (Aimé), *président.* — DARDALION (J.), GUÉRIN (Alphonse), VERDIER (Jules), BRUGUIÈRES (Henri), *membres.*

UZÈS-SAINT-QUENTIN (349ᵉ section).

GAUZY (J.-Bapt.), *président,* à St-Quentin-la-Poterie.
CLOP (Alph.-Gast.), *vice-pr.,* à St-Quentin-la-Poterie.
JEAN (Marius), *secrétaire,* à St-Quentin-la-Poterie.
PINTARD (Alphonse), *trésor.,* à St-Quentin-la-Poterie.
GRAFFAN (Max.), *comptable,* à St-Quentin-la-Poterie.
HÉBRARD (Gust.), *archiviste,* à St-Quentin-la-Poterie.
CARRIÈRE (Alexis), *trés. adj.,* à St-Quentin-la-Poterie.
CLERC (Gust.), *secrét. adj.,* à St-Quentin-la-Poterie.

Surveillance : PASCAL (Auguste-François), *président,* à Saint-Quentin-la-Poterie. — SORBIER (Adolphe), ANDRÉ (Jacques-Augustin), PUJOLAS (Simon), PINTARD (Adrien), *membres.*

HAUTE-GARONNE

TOULOUSE (216ᵉ section)

BAZELET, *président,* rue Traversière-des-Potiers, 5.
ARBOLA, *vice-président,* rue Thionville, 8.
PORTET, *trésorier,* boulevard Riquet, 42.
BERTHOUMIEU, *comptable,* rue du Conservatoire, 6.
SANCHOLOU, *comptable adj.,* r. du Faub.-Bonnefoy, 45
LABAT, *secrétaire,* rue du Faubourg-Matabiau, 22.
BOYER, *secrétaire adjoint,* rue Saint-Rome, 21.
SERRES, *archiviste,* rue des Lois, 42.

Surveillance : PIERRE (Frédérich), rue Lafayette, 25, BONNEFOI (Victor), DANGÉ (Charles-Alfred), MAS (Marius), GAY (Antonin), *membres.*

GERS

AUCH (255ᵉ section).

LARTET (Joseph), *président,* rue de l'Ecole.
SANSOT, *vice-président,* rue d'Etigny.
SEGUY, *trésorier,* avenue d'Alsace.
ASTUGUEVIEILLE, *trésorier adjoint,* place aux Herbes.
MARSAN, *comptable,* place Villaret-Joyeuse.

GRÉGEOIS, *secrétaire*, route de Mirande.
LARTE: (Jean, *secrétaire adjoint*, rue de l'Ecole.
JUSTUMUS, *archiviste*, place de la Mairie.

Surveillance : LAURENCE, *président*, rue Victor-Hugo. — CASSAGNAU (Maxime), LABADENS (Joseph), ORTHOLAN (J.-M.), Ader (Louis), *membres*.

SAINT-CLAR (284e section).

PORGUES (Edmond), *président*, à Tournecoupe.
DARNÉ (Gustave), *vice-président*, à Tournecoupe.
VERGNES (Léon), *secrétaire*, à Tournecoupe.
LABÉNÈRE (Henri), *secrétaire adjoint*, à Tournecoupe.
TRUILHÉ (Lucien), *trésorier*, à Tournecoupe.
TRUILHÉ (Hippolyte), *trésorier adjoint*, à Tournecoupe.
BARBÉ (Aimé), *comptable*, à Tournecoupe.
MOULINS (Sylvain), *archiviste*, à Tournecoupe.

Surveillance : BORDES (Maxime), LARRIEU (Marcel), DAVASSE (Victor), DELBOR (Benjamin), GARROS (Dalmase).

GIRONDE

LA BASTIDE-BORDEAUX (382e s.).

MARTIN, *président*, rue de Sèze.
GARETTE, *vice-président*, avenue Thiers, 9.
HERBÉ, *comptable*, quai de la Monnaie, 7, à Bordeaux.
ROUSSIE, *trésorier*, avenue Thiers, 323.
CEPÈDE jeune, *trésorier adjoint*, cours Le Rouzic, 27.
TURTAUT, *secrétaire*, rue Saint-Romain, 8.
GAUCHER, *secrétaire adjoint*, rue Hortense, 40.
NOBY, *archiviste*, rue Madère, 6.

Surveillance : BALQUET, *président*, rue Saint-François, 5, à Bordeaux. — GAUCHER jeune, CHÉRARD, DESLIGNIÈRES, DURAND, *membres*.

BORDEAUX (36e section).

DUBAU, *président*, quai de Bourgogne, 61.
SAMENAYRE, *vice-président*, rue Sainte-Catherine, 151.
MORIN, *comptable*, route de Bayonne, 197.
ANGLAS, *comptable adjoint*, rue Fondaudège, 121.
MÉTHION fils, *trésorier*, rue Montsarat, 86.
SIMON, *trésorier adjoint*, rue Desbieys, 6.
LETARD, *trésorier adjoint*, cours Saint-Jean, 203.
LACAZE aîné, *secrétaire*, rue Sainte-Catherine, 137.
DELRIEU, *secrétaire adjoint*, rue Fondaudège, 193.

DINTRANS, *secrétaire adjoint*, rue de Lalande, 27.
LEQUINTREC, *archiviste*, rue Répond, 16.

Surveillance : BRAMAUD, *président*, rue des Sablières, 44. — CARRANCE (Ed.), JOFFRE, BERGER, LACLOTTE, SEJEUR, *membres*.

CADILLAC (241e section).

CAZEAUX (Léon), *président*, à Langoiran.
BEAUDRU (Pierre), *vice-président*, Haut-Langoiran.
HENRY (Jean), *trésorier*, à Langoiran.
ARDOUIN (Abel-Arnaud), *trésorier adj.*, à Langoiran.
CHIBALEY (Charles), *secrétaire*, à Langoiran.
SADOUL (Jean), *secrétaire adjoint*, à Langoiran.
BOURDELLES (Ernest), *comptable*, à Langoiran.
LARBOUDI (Jean), *archiviste*, à Langoiran.

Surveillance : DEFFÈS (Pierre-Alexandre), MAUVELLE (Georges), *membres*.

CRÉON (365e section).

GOUILLEAU (Ulysse), *président*.
LÉTARD (Léonard), *secrétaire*.
GUITET (Louis), *trésorier*.

LIBOURNE (213e section).

ROSTAING, *président*, rue de Lyon, 14.
COLLIN, *vice-président*, rue J.-J.-Rousseau, 13.
DORVALD, *trésorier*, rue de Guitres, 39 bis.
COULLON, *trésorier adjoint*, rue Neuve, 51.
MIRANDE, *comptable*, rue de Géraud, 18.
SAINT-NEYSSANT, *secrétaire*, rue de Montaigne, 17.
DÉCROS, *secrétaire adjoint*, rue Lamothe, 44.
COUCOU, *archiviste*, impasse Bulle.

Surveillance : GERVAIS, *président*, rue Bersat, 18. — COUDON, BOUILLAC, ROBERT, CRÉMIEN, *membres*.

SAINTE-FOY-LA-GRANDE (316e s.).

ARIJOUX (Léon), *président*, colonie agricole.
COURSAN (Henri), *secrétaire*, colonie agricole.
LAPLACE (Josué), *trésorier*, colonie agricole.
SIVADON (Mlle Nelly), *comptable*, Port-Sainte-Foy.

HÉRAULT

BAILLARGUES (267e section).

GRAS (Alexandre), *président*.
RIEY (Achille), *vice-président*.

GRAS (Emile), *trésorier.*
RIEY (Calixte), *comptable.*
LAFON (Gabriel, *comptable adjoint*, à Castries.
MEUNIER (Joseph), *secrétaire,*
GUIDE (Paulin), *secrétaire adjoint*, à Castries.
MERCIER (Adolphe), *archiviste.*

Surveillance : LAURET (Joseph), *président.* —
BOULET (Julien), RADIER (Jean), RIVIÈRE (Jacques),
DUPY (Eugène), *membres.*

BÉZIERS (233ᵉ section).

CLÉMENT, *président*, rue Solférino.
ARBIEU, *trésorier*, avenue de la Gare.
LAUS, *comptable*, Banque Lagarrigue.
BARTHÈS, *secrétaire*, avenue de la Gare, 5.

Surveillance : GUÉRET, *président*, rue Diderot, 20. — MAS, *membre.*

CETTE (246ᵉ section).

SAUVAIRE (S.), *président*, rue de l'Hospice, 6.
VAILLÉ, *vice-président*, rue Neuve-du-Nord, 40.
CASTET, *trésorier*, rue Nationale.
GUICHON, *trésorier adjoint*, quai de Bosc.
MOLINIER, *secrétaire*, rue du Pont-Neuf, 23.
JEANJEAN, *secrétaire adjoint*, Grand'Rue, 94.
SAUVAIRE (A.), *comptable*, rue de l'Hospice, 6.
ASTRIÉ, *archiviste*, rue Garenne, 3.

Surveillance : BEAUMONT, *président*, à la Compagnie générale transatlantique. — PIJOTAT (Arthur),
PUECH (César), CHAUZAL (Henri), CAPELLE (Ant.),
membres.

CLERMONT-L'HÉRAULT (299ᵉ sect.).

BONNAL (Henri), *président.*
VAISSADE (Paulin), *vice-président.*
BERNARD (Benjamin), *trésorier.*
BOUICHOU (Emile), *trésorier adjoint.*
BOURBOUJAS (Arthur), *comptable.*
BERTHOMIEU (Joseph), *secrétaire.*
GOSSE (Louis), *secrétaire adjoint.*
BAILLE (Fernand), *archiviste.*

Surveillance : BONNAL (Louis), *président.* —
PIQUES (Joseph), BOUZIER-JOLY (Joseph), SUQUET
(Casimir), VIDAL (Emile), *membres.*

LODÈVE (224ᵉ section).

CLAPIER, *président*, boulevard Bouquerie.
VERNET, *vice-président*, boulevard de la Liberté.
CORMIÈRE, *secrétaire*, rue de la Convention.
BRUNEL, *secrétaire adjoint*, rue du 24 Février.
BRUNET, *trésorier*, boulevard du Quai.
MICHEL, *trésorier adjoint*, place Alsace-Lorraine.
FARRIER (E.), *comptable*, rue de la Sous-Préfecture.
BOISSIÈRE, *archiviste*, quai Vinas.
Surveillance : ROUMENS (Gaston), *président*,
   Montifort. — FARRIER (Edouard), PONS (Aristide),
   TEISSERENC (Paulin), BAUMEL (Alcide), *membres*.

MONTPELLIER (129ᵉ section).

FAGES, *président*, rue Castillon, 6.
BOUSCAREN, *vice-président*, rue des Sœurs-Noires, 6.
LAUZE, *secrétaire*, rue du Pont-Juvénal, 28.
NAVAS, *trésorier*, rue Brueys, 3.
GUY, *trésorier adjoint*, route du Pont-Juvénal.
CAVAYÉ, *secrétaire adjoint*, rue Jacques-d'Aragon, 6.
GÉLY, *comptable*, rue Friperie, 4, plan Sauvage.
CASTEL, *archiviste*, rue Flangergues, 3.
Surveillance : CALEMAR, *président*, rue Saint-
   Guilhem, 5. — DUSSOL (Paul), DUPIN, LAFAILLE
   (Joseph), BOUTEILLE, *membres*.

SAINT-PONS (264ᵉ section).

BOUDET (Napoléon), *président*, rampe de la Place.
FIGEAC, *vice-président*, Grande-Rue.
BOUDET (Antonin), *secrétaire*, Grande-Rue.
COUGNENC, *trésorier*, route de Narbonne.
HORTALA, *trésorier adjoint*, rue de l'Empire.
SÉNÉGAS, *comptable*, rue du Cimetière.
ROUANET, *secrétaire adjoint*, Grande-Rue.
TARBOURIECH, *archiviste*, rue du Planel.
Surveillance : LIMOUSY (Eugène), *président*,
   Mairie.—HUC (Pierre), ALBERT (Hillarion), RIEUX
   (Marius), SICARD (François), *membres*.

INDRE

ARGENTON-SUR-CREUSE (158ᵉ s.).

GAUTIER, *président*, rue Saint-Etienne.
COMBETTE, *vice-président*, rue de Guéret.
DURIS, *secrétaire*, rue Saint-Etienne.
GARDIVAUD, *secrétaire adjoint*, rue Saint-Etienne.

CHARLES, *trésorier*, rue Saint-Etienne.
VILLEDIEU, *trésorier adjoint*, rue Châteauneuf.
BENOITON, *comptable*, place d'Armes.
THURY, *archiviste*, place d'Armes.

Surveillance : CLÉMENT (Joseph), GUILLOISEAU (Victor), BARBAT (Sylvain), GUÉTON (Georges), AUCLAIR (Pierre), *membres*.

CHÂTEAUROUX (89e section).

CHAIGNEAU, *président*, rue Ledru-Rollin, 24.
MONERIE, *vice-président*, rue de la Rochette, 6.
SAUVAGET, *secrétaire*, rue de la Fontaine, 1.
CHARLUET, *secrétaire adjoint*, r. de la Pingaudière, 18.
BRACH, *trésorier*, rue Vieille-Prison, 8.
LOUBATIER, *trésorier adjoint*, rue Grande, 48.
GAILLOT, *comptable*, rue Ledru-Rollin, 35.
VÉTOIS, *archiviste*, rue des Ponts, 13.

Surveillance : SOUCHET, *président*, 75, rue Grande.—ROLLAND (Henry), CÉRÉMONIE (Alphonse), COMPO (Charles), POTIN (Napoléon), *membres*.

DÉOLS (175e section).

DIOT, *président*, rue du Cimetière.
RÉBRIOUX, *vice-président*, place des Trois-Rois.
MARDON, *trésorier*, route d'Issoudun.
PHILIPPON, *trésorier adjoint*, rue Grande.
LARMIGNAT, *secrétaire*, route d'Issoudun.
AUCOUTURIER (F.), *secrétaire adjoint*, route d'Issoudun.
SIMONNET, *receveur*, route de Paris.
MARDELLE, *archiviste*, rue des Trois-Rois.

Surveillance : BÉRAUD, *président*, route de Cluis. — AUCOUTURIER (Léopold), LOGET (Jules), CHANTOME (Henri), ROUX (Delétang), *membres*.

ISSOUDUN (302e section)

MOTTE père, *président*, rue Surrerie.
TAUPIN, *vice-président*, bd des Champs-Elysées.
NIVET, *trésorier*, boulevard Champion.
BRUNET, *trésorier adjoint*, rue de la République.
THOMBREAU, *comptable*, rue des Minimes.
SAUVARD, *secrétaire*, rue Marmouse.
GAULTIER, *secrétaire adjoint*, rue de la République.
MOTTE (E.), *archiviste*, rue de la République.

Surveillance : MOTTE (Anatole), *président*, rue Surrerie.—MARLY (Louis), PARPAIX (Jos.), BRUNEAU (Antoine), ROLLAND (Jean-Baptiste), *membres*.

REUILLY (314e section)

ARON (Etienne), *président.*
VINÇON (Béranger), *vice-président.*
CLÉMENT (Louis), *trésorier.*
BARBOTTIN (François), *trésorier adjoint.*
LECOURTOIS (Arthur), *comptable.*
BIAIS (Pierre), *secrétaire.*
CHAUSSET (Louis), *secrétaire adjoint.*
BESNARD (Etienne-Hippolyte), *archiviste.*

Surveillance : DUMANS (Auguste), *président.*
— NERRAND (Etienne), DENIS (Fontaine), MOREAU (Louis), DUCHESNES (Armand), *membres.*

INDRE-ET-LOIRE

AMBOISE (27e section).

RAGUENEAU, *président,* rue de Tours.
LOUET, *vice-président,* rue Rabelais.
MAURICE, *secrétaire,* rue de Bléré.
BEAUDOUIN, *secrétaire adjoint,* rue de Chenonceaux.
DURÉ, *trésorier,* quai des Marais.
MARTINET, *trésorier adjoint,* rue Victor-Hugo.
FROUX, *comptable,* rue Newton.
PETIT, *archiviste,* rue de Blois.

Surveillance : CHAUVALON, *président,* rue Victor-Hugo. — BERGER (Théophile), BESSANT (Ernest), GUILBERT (Auguste), RASQUIN (Alexandre), *membres.*

BLÉRÉ (38e section).

BIDAULT (Charles), *président.*
BOUTIN, *vice-président,* à Lacroix.
SERREAU (Saturnin), *trésorier.*
BARRÉ (Paul), *secrétaire.*
CLAVIER (Edmond), *archiviste.*
MAUPOUET (Edouard), *comptable.*

Surveillance : MAUPOUET-CHARBONNIER, MICHAUT (Adolphe), SOUVENT (Eugène), FRONTEAU (Henri), ROUSSEAU-ROGUET, *membres.*

CHATEAURENAULT (42e section).

LECONTE-JOUBERT, *président,* Grande-Rue, 39.
BASTARD-JAGLIN, *vice-président,* rue Basse-Vallée.
JORAN, *trésorier,* place du Marché, 18.
CHANTELAS, *trésorier adjoint,* Grande-Rue.

MASSOT, *comptable*, rue Paul-Louis-Courier.
ROUGER, *secrétaire*, Grande-Rue, 96.
COUDRAY, *secrétaire adjoint*, rue Neuve.
BELLAMY, *archiviste*, Grande-Rue, 5.

Surveillance : TESTU, *président*, Grande-Rue.
— JAMAIN (Alexandre), NIVOCHE (Louis), ROUS-
SEAU (Georges), DESNEUX (Henri), *membres*.

LOCHES (54e section).

COULON (J.), *président*, rue Saint-Jacques.
LAMBERT, *vice-président*, à l'Hubardellerie, à Perrusson.
MICHEL, *trésorier*, rue du Cimetière.
COULON (Mme), *secrétaire*, rue Saint-Jacques.
COSSON, *comptable*, à Beaulieu.
RÉGNIER (Mme), *trésorière adjointe*, rue Quintefol.
COURSIÈRE, *secrétaire adjoint*, rue des Ponts.
BOURGOIN, *archiviste*, place de l'Hôtel-de-Ville.

Surveillance : CHENU, *président*, rue aux Lé-
gumes. — ARRIBAT, COURSIÈRE père, BAUCHÉ,
BLET (E.), *membres*.

SAINTE-MAURE (132e section).

PATRY, *président*, route Nationale.
PLOQUIN, *vice-président*, rue du Carrefour..
TERRASSIN, *vice-président*, Grande-Rue.
MÉTAYER, *secrétaire*, à la Mairie.
RIGOMMIER, *secrétaire adjoint*, Grande-Rue.
BOURGUIGNON, *trésorier*, Grande-Rue.
BOURGUEIL, *trésorier adjoint*, place du Marché.
CHOLLET, *comptable*, rue de la Basse-Cour.
FORGET, *comptable adjoint*, à la Chaume.
PHILIPPE, *archiviste*, Grande-Rue.

Surveillance : RENAULT-GOUIN, *président*,
Grande-Rue. — MARQUET (Eugène), LEMAY (Napoléon), PICARD (Gustave), FÉNÉANT (Ernest),
membres.

TOURS (29e section).

GARNIER, *président*, rue Cluzel, 25.
PAGE (Mme), *vice-présidente*, place du Palais, 16.
PAGE, *secrétaire*, place du Palais, 16.
PAGE (Mlle), *secrétaire adjointe*, place du Palais, 16.
GOUPY, *trésorier*, cité Mame, 21.
MICHEL, *trésorier adjoint*, rue de la Grosse-Tour, 17.
LARCHEVÊQUE, *comptable*, rue Colbert, 105.
PAPINEAU, *comptable*, rue des Ursulines, 17.

VALLIOT, *archiviste*, place de l'Archevêché.
JARD, *vice-président*, rue Galpin, 12.
LAMY, *secrétaire*, rue de Paris, 50.

Surveillance : TURMEAU, *président*, rue Lamartine, 56. — THIRION, TRIPAULT, DIARD, GELLIAUME, *membres*.

ISÈRE-RHONE

CHASSE-GIVORS (73e section).

BOIRON, *prés.*, rue Froideleuille, 6, à Givors (Rhône).
BRUYAS (A.), *vice-président*, quai Navigation, à Givors.
BERTRAND, *trésorier*, rue de Belfort, 15, à Givors.
THIVOLET, *trésorier adjoint*, à Ternay (Isère).
FAURE, *secrétaire*, rue de l'Hôpital, 5, à Givors
DANTOINE, *secrétaire adjoint*, rue Neuve, 24, à Givors.
MOTINOT, *comptable*, rue Neuve, 1, à Givors.
BRUYAS (Joseph), *comptable adjoint*, quai Navigation.
CHANAL, *archiviste*, rue Belfort, 63, à Givors.

Surveillance : CUILLERON, *président*, place des Petits-Brotteaux, 6, à Givors. — CHEVALIER, à Givors ; DURIEUX, à Ternay ; BOUDET, à Givors ; TRUCHET, à Ternay, *membres*.

ISÈRE

GRENOBLE (71e section).

POULAT, *président*, avenue de la Gare.
GUIMET, *vice-président*, rue Barnave, 12.
RAFFIN-DUGENS, *secrétaire*, Ecole professionnelle.
BRESSY, *secrétaire adjoint*, rue Montorge, 15.
CHARRE, *archiviste*, rue Renauldon, 2.
RAVÉDA, *trésorier*, quai Perrière, 8.
CAILLAT, *comptable*, rue Brocherie, 5.
MASSON, *comptable adjoint*, rue du Lycée, 4.

Surveillance : COURRUOL, *président*, place Grenette. — CHABRAN (Eugène), REVAL, SIBILLAT, VILMANN, *membres*.

LA MURE (335e section).

DASPRE, *président*, rue Colenrard.
LAMBERT (Mathias), *vice-président*.
REYNIER (Henri), *secrétaire*.
SECOND (Louis), *secrétaire adjoint*.
BAYARD (Lucien), *trésorier*.
BARNEL (Joseph), *trésorier adjoint*.

FROMENT (Joseph), *comptable*.

COURT (Victor), *archiviste*.

Surveillance : MOLLARD, *président*. — BE-THOUX, ORSIER, REYNIER, REVOL (Alfred), *membres*.

LA TOUR-DU-PIN (376e section)

VICHER, *président*, rue d'Italie, 65.

MARTIN, *trésorier*.

PERRIER, *secrétaire*.

VIENNE (88e section).

FAVÉRON (Antoine), *président*, rue Voltaire, 8.

REBATEL, *vice-président*, rue Milleret, 16.

GENEVET, *secrétaire*, rue Juiverie, 9.

COCHE, *secrétaire adjoint*, rue Victor-Faugier, 3.

GULON, *trésorier*, clos de la Verrerie.

CLAVEL, *trésorier adjoint*, Grande-Rue, 13.

CHAVRIER, *comptable*, rampe de Coupe-Jarret, 9.

BANNIER, *archiviste*, Grande-Rue, 23.

Surveillance : COLOMBIER, *président*, rue des Clercs, 3. — BERNARD (François), VEYRET (Jean), BLANCHET (Jean), GUIGNETON (Lucien).

VIZILLE (317e section)

SORREL, *président*, rue Neuve.

ARMAND (Claude-François-Eug), *vice-président*.

CHABERT, *trésorier*, place du Château, 1.

GASSAUD, *trésorier adjoint*, péage de Vizille.

ROSTAING, *comptable*, Grande-Rue, 30.

THENON (Hugues), *comptable adjoint*.

GUILLAUD, *secrétaire*, Grande-Rue.

GUINARD, *secrétaire adjoint*, Grande-Rue.

ADRIEN, *archiviste*, place du Château.

Surveillance : DARRIER, *président*, place du Château. — PONTONNIER (Joseph), RUELLE (Félix), MURRON, *membres*.

LOIR-ET-CHER

BLOIS (34e section).

DORION, *président*, rue Denis-Papin, 41-43.

LAURENCEAU, *vice-président*, Grande-Cour, 8.

NAVARD, *secrétaire*, rue des Hautes-Granges, 13.

LAVOUX, *secrétaire adjoint*, rue du Sermon, 1.

LEMAIRE, *comptable*, rue Robert-Houdin, 13.

RAYMOND, *trésorier*, rue des Trois-Marchands, 6.
BERTHEAULME, *trésorier adjoint*, r. Bourg-St-Jean, 9.
BORDIER, *archiviste*, rue Denis-Papin, 40.

Surveillance : TRÉTARRE, *président*, rue du Puits-Chatel. — MORTIER, PAVY, VERNOUILLET, BLESBOIS, *membres*.

MER (367e section).

GAUVIN, *président*.
CERNET, *vice-président*.
HUBERT, *trésorier*.
BIDAULT, *trésorier adjoint*.
HENRY, *secrétaire*.
PAVY, *secrétaire adjoint*.
CHARRON, *comptable*.
ROUSSEAU, *archiviste*.

Surveillance : HURON, *président*. — BRISSET, RINJARD, CHIROL, GARREAU, *membres*.

MONTOIRE (170e section).

PICHOT, *président*, rue Saint-Laurent.
CHÉRON, *vice-président*, rue Saint-Laurent.
RONDONI, *secrétaire*, place du Marché.
TROUVÉ, *secrétaire adjoint*, rue Ronsard.
LEBERT, *trésorier*, place du Marché.
HATTU, *trésorier adjoint*, rue Saint-Oustrille.
GASNIER, *comptable*, place du Marché.
CHEREAU, *archiviste*, place Saint-Denis.

Surveillance : GRANDIN, *président*, rue Saint-Jacques. — FISSEAU, DAVID (Mlle), SERPIN (Mlle), GRAVEAU, *membres*.

VENDOME (17e section).

HANUCHE, *président*, rue de la Grève.
VION, *vice-président*, rue du Bourg-Neuf.
BLANCHECOTTE, *secrétaire*, rue des Quatre-Huys, 7.
DELABORDE, *secrétaire adjoint*, rue Poterie.
FRAIN, *trésorier*, rue de la Grève.
BOULAY, *trésorier adjoint*, rue du Change.
THOMAS, *comptable*, place Saint-Martin, 13.
MORIN, *archiviste*, rue de la Mare.

Surveillance : CARLUS, *président*, rue de la Grève. — PRETESEILLE (Louis), LAINÉ (Louis), HUET (Emile), LELEU (Félix), *membres*.

LOIRE

BOEN-SUR-LIGNON (384e section).

MARION fils, *président.*
SIMON, *comptable.*
BORNÉ, *trésorier.*
GAUCHON, *secrétaire.*

LE CHAMBON-FEUGEROLLES (248e).

PEYRON (Claude), *président.*
LOUISON (Ferdinand), *secrétaire.*
PEYRON (Jean-Marie), *trésorier.*
CAPARROI (Pierre-Joseph), *comptable.*
Surveillance : PAULET (Jules), *président.* —
GOUBIER (Jean), DESPRÉAUX (Jacques), DUBOUCHET
(Clément), BASTIDE (Frédéric), *membres.*

CHARLIEU (83e section).

TACHON, *président.*
FAURE (Mme), *vice-présidente.*
MAVON, *trésorier.*
DELORME, *trésorier adjoint.*
CHARPIN, *secrétaire.*
DEBOUT (Dlle), *secrétaire adjointe.*
BONNIÈRE, *comptable.*
ARDAINE, *comptable adjoint.*
MOREL, *archiviste.*
Surveillance : PIERRA, *président.* — LESTRE,
LEFRANC, POTHIER, PAPERIN, *membres.*

FIRMINY (87e section).

PLANCHON, *président,* rue Nationale.
KLEIMANN, *vice-président,* au Vigneron.
BALANCHE, *trésorier-archiviste,* place du Breuil, 21.
VIAL, *comptable,* usine Verdic.
ZIMMERMANN, *comptable adjoint,* place du Breuil.
MICHOT, *secrétaire,* rue Nationale.
MALLET, *secrétaire adjoint,* à Saint-Pierre.
VALETTE, *trésorier adjoint,* avenue de la Gare.
Surveillance : REPIQUET, VIRIEUX, BÉRAUD,
LARGERON (Eugène), CHAPELON (Antoine), *membres.*

RIVE-DE-GIER (79e section).

LOUISON, *président,* rue de Lyon, 25.
VERDIÉ, *vice-président,* rue Font-Flora, à Lorette.
BAJARD, *secrétaire,* rue du Plâtre, 18.

DAVID, *secrétaire adjoint*, rue de Lyon, 102.
LOMBARD, *trésorier*, rue Néron, 9.
MALTERRE, *trésorier adjoint*, rue du Mouillon, 2.
BIGALLET, *comptable*, rue de Lyon, 61.
AUBRY, *comptable adjoint*, à Rochefolle.
SCHLEGEL, *archiviste*, quai du Mouillon, 2.

Surveillance : FOND, *président*, au Vent Saint-Genis (Terrenoire). — JAMIN (Antoine), RAVACHOL, BAJARD, COGNET (J.-Claude), *membres*.

ROANNE (31e section).

AUBOYER, *président*, rue des Bourrassières, 4.
GANDE, *vice-président*, rue de l'Entrepôt.
CHAMPION, *vice-président*, faubourg Clermont.
FAUCONNAY, *trésorier*, rue Nationale, 57.
GUINON, *trésorier adjoint*, quai de l'Ile.
PELLETIER, *secrétaire*, rue Muléant, 66.
DESSEIGNE, *secrétaire adjoint*, cours de la République.
CHAMOUX, *comptable*, Le Coteau, quai des Balmes.
RECORBET, *comptable adjoint*, Le Coteau, Grande-Rue.
CHAPON, *archiviste*, rue du Phénix, 1.

Surveillance : AULOGE, *président*, place Saint-Etienne. — PERRIER, BOULARD, MARCHAND, LAROCHETTE (Adrien), *membres*.

SAINT-ÉTIENNE (55e section).

PETIT, *président*, rue Sainte-Catherine.
VÉRON, *vice-président*, Grande-Rue-Saint-Roch, 69.
RODAMEL, *trésorier*, rue de la Loire, 4.
ROUSSET, *trésorier adjoint*, rue de la Loire, 37.
JACQUET, *secrétaire*, place Hôtel-de-Ville, 10.
MARTEL, *secrétaire adjoint*, Gr.-Rue-Saint-Roch, 11.
GONON, *comptable*, place Chavanelle, 16.
FRANC, *comptable adjoint*, rue Jacquart, 34.
CLÉMENÇON, *archiviste*, rue de la Pareille, 2.

Surveillance : JOLLY, *président*, rue de Foy, 10. GAUTHIER, BERTAIL, BRUN, GIROUDON, VALENTIN, COURBON, JULLIEN, *membres*.

SAINT-ÉTIENNE-EST (118e section).

DUMOLIN DU FRAISSE, *président*, rue de la Montat, 24.
RICHE, *vice-président*, rue de la Montat, 2.
BOBIN, *secrétaire*, rue de la Montat, 50.
BONHOMME, *secrétaire adjoint*, rue Ferdinand, 17.
FERRAND, *trésorier*, place Fourneyron, 2.
GARAUDI, *comptable*, rue du Cros, 4.

Surveillance : LAFOREST, *président*, rue Ney-
ron, 45. — ROUSSEAU, BONNET, CORAUD, *membres*.

SAINT-ÉTIENNE-NORD (119e sect.).

VAURON, *président*, à la Terrasse.
REY, *vice-président*, à la Doi.
GROSBON, *trésorier*, à la Terrasse, 130.
ESCOFFIER, *secrétaire*, à la Terrasse.
COUTURIER, *comptable*, à la Terrasse, 130.
CLAIRE, *secrétaire adjoint*, au pré Chapelon.
SCHNOERD, *trésorier adjoint*, à Saint-Priest.
FULCHIRON, *archiviste*, route de Roanne, 124.

Surveillance : JAFFARD, *président*, à La Fouillouse. — SAUZÉAT (Paul), VALLET (Louis), BADI-
NAND (J.-Baptiste), MAGAND (Barthélemy), *membres*.

SAINT-ÉTIENNE-OUEST (120e sect.).

RUSSIER, *président*, Puits de la Loire.
LACOSTE, *vice-président*, au Quartier-Gaillard.
RABOGLIATTI, *trésorier*, place Marengo, 2.
COCHET, *trésorier adjoint*, au Champrond.
THOLET, *comptable*, Montralzon.
BONON, *archiviste*, au Champrond.
REYNOLD, *secrétaire*, au Quartier-Gaillard.
BERGER, *secrétaire adjoint*, place de l'Hôtel-de-Ville, 6.

Surveillance : LYONNET, *président*, au Grand-
Coin. — SERVANTON, MATHAUD, BAVIOUX (Antoine),
BODIOUX (Jean), *membres*.

ST-ÉTIENNE-SUD-OUEST (134e sect.)

RIVAUD, *président*, rue des Forges, 32.
DUFRESNE, *vice-président*, place Bellevue, 6.
POYET, *trésorier*, impasse Berraud, 10.
GOURGAUD, *trésorier adjoint*, r du Bourg-Argental, 1.
GRENET, *secrétaire*, aux Rochettes.
DARIET, *comptable*, place Bellevue.
LINOSSIER, *secrétaire adjoint*, rue de l'Industrie, 6.
CHAZALET, *comptable adjoint*, à la Rivière.
OLIVIER, *archiviste*, place Bellevue, 23.

Surveillance : COTTA, *secrétaire*, rue de Champagne, 34. — DEMEURE (Claudius), JOURJON (Antoine), DUPIN (Pierre), ROBIN (Jean-Baptiste),
membres.

ST-JUST-EN-CHEVALET (327e sect.).

SIMON, *président*.
EXTRAT, *vice-président*.

Cognard (J.), *trésorier*.
Michon (François), *trésorier adjoint*.
Bigouret, *secrétaire*, à Renaison.
Michon (Michel), *secrétaire adjoint*.
Dallery (Jean), *comptable*.
Cohas (Etienne), *archiviste*.

Surveillance : Dufour, *président*. — Devaux
(J.-M.), *membre*.

ST-RAMBERT-sur-LOIRE (250ᵉ s.).

Dufour, *président*, à Saint-Just-sur-Loire.
Goujon, *vice-président*, à Saint-Just-sur-Loire.
Grange, *secrétaire*, à Saint-Just-sur-Loire.
Massardier, *secrétaire adjoint*, à St-Just-sur-Loire.
Fourbon, *trésorier*, à Saint-Rambert-sur-Loire.
Raymond, *trésorier adjoint*, à Saint-Just-sur-Loire.
Surget, *comptable*, à Saint-Just-sur-Loire.
Duport, *archiviste*, à Saint-Rambert-sur-Loire.

Surveillance : Chauve (Clément), Lamazier
(Auguste), *membres*.

LOIRE-INFÉRIEURE

MONTOIR-DE-BRETAGNE (347ᵉ s.).

Barbin, *président*, à Montoir.
Guillaumin (Marcelin), *vice-président*, à Trignac.
Morandeau (Eugène), *trésorier*, à Trignac.
Malot (Victor), *trésorier adjoint*, à Trignac.
Baron (François), *secrétaire*, à Trignac.
Savy (Nestor), *secrétaire adjoint*, à Trignac.
Mourot (Edmond), *comptable*, à Trignac.
Pitoy (Victor), *archiviste*, à Trignac.

Surveillance : Métais (Jacques), *président*, à
Trignac. — Faure (Martial), Charrayron (Jean),
Paysac (Joseph), Thiriet (Jean), *membres*.

NANTES (254ᵉ section).

Guilet, *président*, rue La Mothe-Piquet, 15 bis.
Jumel, *vice-président*, rue Brances, 15.
Miller, *secrétaire*, rue du Pont-Sauvetout, 1.
Brochard, *trésorier*, rue du Calvaire, 22.
Letellier, *comptable*, passage Félibien.
Lebronze, *secrétaire adjoint*, rue de la Héronnière, 2.
Golay, *trésorier adjoint*, rue de la Clavinerie, 9.
Gallen, *archiviste*, rue Marivaux.

Surveillance : RUELLON, *président*, rue des Petits-Murs, 2. — BRISSON (Louis), DEBONZIE (Albert), ROUSSELOT (François), TOMASSE (Antoine), *membres*.

LOIRET

BEAUGENCY (355ᵉ section).

MAILLARD, *président*, rue de la Barrière, 2.
LABLÉE, *vice-président*, rue de la Poterie, 5.
CAMUS, *trésorier*, rue du Ru, 39.
LABARTHE, *trésorier adjoint*, rue du Change, 38.
FOURNIER, *comptable*, rue de la Poste, 4.
DESTRÈS, *secrétaire*, rue du Change, 20.
BIDON, *secrétaire adjoint*, rue Nationale, 57.
GOUPIL, *archiviste*, impasse de la Sourcière.

Surveillance : DAUDIN, *président*, rue du Change, 20. — CORMIER, PERRICHON, GUETTÉE, HIAULT, *membres*.

BOISCOMMUN-BEAUNE (210ᵉ section)

ROBIN (Théodore), *président*, à Boiscommun.
ROUSSEAU (Edouard), *vice-président*, à Boiscommun.
PARGEAU (Henri), *secrétaire*, à Boiscommun.
VASSORD (Léon), *trésorier*, à Boiscommun.
DESBORDES (Alexis), *comptable*, à Boiscommun.
BARREAU (Célestin), *archiviste*, à Boiscommun.

Surveillance : MATIGNON, *président*, à Boiscommun. — THOMAS, *membre*.

BONNY (125ᵉ section).

LEMEUTHE, *président*, rue du 14 Juillet.
MALLET, *vice-président*, rue du 14 Juillet.
FOURNIER, *trésorier*, rue du 14 Juillet.
GIBLAIN (Arthur), *trésorier adjoint*, rue Nationale.
TISSIER (Amand), *secrétaire*, café du Théâtre.
CHOTARD, *secrétaire adjoint*, rue Nationale.
LIGER, *comptable*, Café Parisien.
BRONDEAU, *archiviste*, rue du 14 Juillet.

Surveillance : GIBLAIN (Léopold), *président*, rue Nationale. — TISSIER (Edmond), MILLET (Amédée), RAVEUX (Edmond), BOURIQUIS (Armand), *membres*.

CHATILLON-SUR-LOING (179e s.).

CLÉMENT, *président*, Grande-Rue.
BÉZARD, *vice-président*, Grande-Rue.
PRUD'HOMME, *secrétaire*, rue Belle-Croix.
MAURY, *trésorier*, place du Marché.
BERNAUDIN, *comptable*, place de la Croix-Blanche.
MILLOT, *trésorier adjoint*, place de la Croix-Blanche.
VASSARD, *secrétaire adjoint*, rue du Cimetière.
FRONT, *archiviste*, au Beauregard.
Surveillance : QUOINTEAU, *président*, Grande-Rue. — GRASSET (Félix), LIBAULT (Auguste), PIEDPLAT (Auguste), BIARD (Prosper), *membres*.

COURTENAY (162e section).

PIRON, *président*.
AUGER, *vice-président*.
LERICHE, *comptable*.
GILLES, *secrétaire*.
DELAVEAU, *secrétaire adjoint*.
LUQUET, *trésorier*.
BOSSET, *archiviste*.
DESMOITHIERS, *trésorier adjoint*.
Surveillance : GLANDON, *président.* — DEVAUX, HEMARD, CHARPENTIER, DELABORDE, *membres*.

FERRIÈRES (228e section).

PETITFOUR, *président*.
ROUSSEAU, *vice-président*.
CIRADE, *comptable*.
CHARTIER, *trésorier*.
LEFÈVRE, *secrétaire*.
GUICHARD, *comptable adjoint*.
TAILLARDAT, *secrétaire adjoint*.
RAGON, *archiviste*.
Surveillance : DELHOMET, *président*. — DELAVEAU, LEROY-SAINT-GEORGES, COLUMEAU, CARMIGNAC, *membres*.

LA FERTÉ-ST-AUBIN (116e section).

DEFAY, *président*, rue aux Ours.
SAUSSET, *vice-président*, Grande-Rue.
PASCOR, *comptable*, à Saint-Aubin.
SOYER, *trésorier*, Grande-Rue.
BASCHOU, *trésorier adjoint*, rue Masséna.
GUELLARD fils, *secrétaire*, Grande-Rue.
GUESDE, *secrétaire adjoint*, rue Saint-Charles.
BRETON, *archiviste*, Grande-Rue.

Surveillance : DESHORDES, *président*, boulevard de la Gare. — BÉZAULT fils, BOUCAULT, CHERIÈRE, *membres*.

GIEN (105e section).

MERRY, *président*, rue Gambetta, 53.
GOUTIN, *vice-président*, route d'Orléans.
SEMEL, *secrétaire*, rue de l'Hôtel-de-Ville.
VASSEUR, *secrétaire adjoint*, quai de l'Estrade.
JOBIN, *trésorier*, quai Lenoir.
PIERRAD, *trésorier adjoint*, rue Thiers.
AUPETIT, *comptable*, quai de l'Estrade.
BARSAGOL, *archiviste*.

Surveillance : GAVINI, PICARD (Hilaire), NATUREL, BIZOT, LAGARDE (Pierre), *membres*.

JARGEAU (130e section).

PRÉVOST (Alfred), *président*.
FROTEAU (Ernest), *vice-président*.
BONTEMS (Clovis), *trésorier*.
BONTEMS (Louis), *trésorier adjoint*.
BOUFFAULT (Fernand), *comptable*.
RAIFF (Ferdinand), *secrétaire*.
BRIANT (Antony), *secrétaire adjoint*.
BONTEMS (Maxime), *archiviste*.

Surveillance : MOREAU (Antoine), *président*.— IMART (Alfred), SASSIN (Joseph), LELOUP (Alfred), MAUBERT (Henri), *membres*.

MONTARGIS (124e section).

MAINGUET, *président*, boulevard du Chinchon, 25.
CHATOUILLAT, *vice-président*, rue Dorée, 88.
SUREAU, *secrétaire*, rue du Grenier-à-Sel, 1.
FORTON, *secrétaire adjoint*, boulevard du Chinchon.
FOUILLOUX, *comptable*, rue Girodet.
BUISSON, *trésorier*, place de la République, 45.
THIERRY, *trésorier adjoint*, rue de la Syrène, 36.
DOUINE, *archiviste*, avenue Saint-Dominique.

Surveillance : PASSIGNAT, *président*, rue Dorée. — BÉGUÉ, MILLET, SOREL, GUIBLAIN, *membres*.

ORLÉANS (110e section).

PESCHVERTY, *président*, à Olivet.
RIU, *vice-président*, rue Porte-Madeleine.
BILLARD, *secrétaire*, faubourg Bannier, 158.
SAUVAGEOT, *secrétaire adjoint*, rue Jeanne-d'Arc, 31.

4.

GRISON, *trésorier*, rue Porte-Saint-Jean, 50.
BERGOUNIOUX, *trésorier adjoint*, fg St-Vincent, 91.
MOUCHARD, *comptable*, rue du Champ-Grison.
HONNET, *archiviste*, rue Guillerault, 22 bis.

Surveillance : RABIER, *président*, rue de la Bretonnerie, 19. — HUTTEAU, FRESSARD, BRILLIOUIN, BONNARDOT, *membres*.

PITHIVIERS (115e section).
CHARBONNEAU, *président*, rue du Val-St-Jean, 23.
DOSNE, *vice-président*, rue du Croissant, 1.
RÉTIF, *trésorier*, Mail-Sud, 17.
ABON, *trésorier adjoint*, rue du Chardon, 1.
LEFÈVRE, *comptable*, rue de la Ribellerie, 5.
LAPEYRE, *secrétaire*, Grande-Rue, 8.
GENLIS, *secrétaire adjoint*, rue Basse, 4.
BONNET, *archiviste*, faubourg de Paris, 14.

Surveillance : LECOURT, *président*, rue de la Ribellerie, 4. — TERRAS, PRÉVOST (Mme), GEORGES (Albert), DOSNE (Achille), *membres*.

LOT-ET-GARONNE
AIGUILLON (137e section).
LAVERGNE, *président*.
MEMDOUZE, *vice-président*.
DULUC, *secrétaire*.
CHARPENTIER, *secrétaire adjoint*.
DURAND, *trésorier*.
LATOURNERIE aîné, *trésorier adjoint*.
LASSARRADE, *comptable*.
VAYSSIÈRES, *archiviste*.

Surveillance : ROUZIÈRES, *président*. — SOULÈS, DUPRAT, MEYNOT, VASSAL, *membres*.

MAINE-ET-LOIRE
ANGERS (37e section).
PHILIPPE, *président*, rue Béclard, 11.
DIOT, *vice-président*, rue Toussaint, 43.
RICHARD, *secrétaire*, rue Garnier, 17.
MONNIER, *secrétaire adjoint*, route de St-Léonard, 71.
CHAILLERIE, *secrétaire adjoint*, rue Saint-Blaise.
TABARIN, *comptable*, rue Cordelle.
D'AUOEEL, *comptable adj.*, rue Pocquet-de-Livonnièr

LELAIR, *comptable adjoint*, rue des Cordeliers.
BELLIER, *comptable adj.*, rue des Fours-à-Chaux, 16.
PRIOU, *trésorier*, boulevard de Laval, 23.
BOUDONNIÈRE, *trésorier adjoint*, rue Chièvre, 53.
ROBLIN, *archiviste*, rue Saint-Julien, 40.

Surveillance : PLANÇON, *président*, rue Lyonnaise. — CHOUTEAU, LOYER, LANGEVIN, KORYCKI, DUHUT, *membres*.

BAUGÉ (58e section).

BOUX, *président*, rue Camusière, 6.
COSSÉ, *vice-président*, rue Saint-Pierre.
PAVILLON, *comptable*, place Saint-Laurent.
CHEVALIER, *trésorier*, rue Marchande, 25.
BARILLER, *trésorier adj.*, place du Champ-de-Foire.
ROBINEAU, *secrétaire*, rue Marchande.
RÉTIF, *secrétaire adjoint*, place du Grand-Marché.
TAUPIAC, *archiviste*, place du Champ-de-Foire.

Surveillance : BEAUSSIER (Marc), *président*, rue Victor-Hugo. — BRASILIER (Baptiste), RAVENEAU (Paul), LEBEL (Daniel), AUDOUY (Albert), *membres*.

MANCHE

CHERBOURG (93e section).

BIARD, *président*, rue Notre-Dame, 6.
MANOIR, *vice-président*, rue du Faubourg, 21.
LEVAUFRE (Louis), *comptable*, rue au Blé, 71.
MARSOLET, *secrétaire*, rue Thiers, 12.
LEPARMENTIER, *trésorier*, rue de la Poudrière, 98.
THOMINE, *comptable adjoint*, rue Hélain.
SOHIER, *secrétaire adjoint*, rue Vauban.
LEFRANÇOIS, *archiviste*, rue Lesdos, 12.

Surveillance : INGOUF, *président*, rue du Chantier. — PEZET, ROBINE (Mme), LEBOURGEOIS (Mlle), KERFURUS, *membres*.

ÉQUEURDREVILLE (185e section).

LE BUHOTEL, *président*, rue Gambetta, 83.
LEGOUPIL, *vice-président*, rue Gambetta, 83.
FRIGOUT, *trésorier*, rue de la Paix, 93.
TABART, *trésorier adjoint*, rue de la République, 30.
BOUIN, *comptable*, rue de la Grand'Ville.

Le Painteur, *secrétaire*, rue Gambetta, 72.
Delacour, *secrétaire adjoint*, rue de la République.
Quetteville, *archiviste*, Hainneville (près de l'Eglise).

Surveillance : Tarin, *président*, rue Gambetta, 54. — Gallien, Leguec, Aubrée, Sébire, *membres*.

TOURLAVILLE (383ᵉ section).

Remy, *président*, rue Thiers, 24.
Gabillet, *vice-président*, rue Thiers, 6.
Lesage, *trésorier*, rue de la Guerrauderie, 4.
Féron, *trésorier adjoint*, rue Thiers, 23.
Durel, *secrétaire*, rue Thiers, 118.
Vaslat, *secrétaire adjoint*, rue Thiers, 31.
Leduc, *comptable*, rue Thiers, 111.
Pottier, *comptable adjoint*, rue Thiers, 225.
Besselièvre, *archiviste*, rue de la Guerrauderie, 6.

Surveillance : Avenard, *président*, rue de la Guerrauderie, 6. — Légendre, Marest (Mˡˡᵉ), Dorleans, Audoire, *membres*.

MARNE

REIMS (155ᵉ section).

Richard, *président*, rue Derodé, 25.
Degeorge, *vice-président*, r. Favart-d'Herbigny, 13.
Tourneux, *secrétaire*, rue Flodoard, 10.
Sohier (H.), *secrétaire adjoint*, rue des Moissons, 8.
Bentley, *trésorier*, rue des Moissons, 8.
Sohier (P.), *trésorier adjoint*, rue des Moissons, 8.
Carvenant, *comptable*, rue d'Alsace-Lorraine, 95.
Morlet, *archiviste*, chaussée Saint-Louis, 2.

Surveillance : Hollings, *président*, cité Anglaise. — Pérot (Alix), Smith (Salomon), Zéanerlé (Jean), Chatelain (Henri), *membres*.

SUIPPES (117ᵉ section).

Herbin, *président*, rue des Trois-Maillets.
Jayen, *vice-président*, rue de la Surginerie.
Camus, *secrétaire*, impasse de l'Orme.
Jean, *trésorier*, impasse de l'Orme, 9.
Chaumont, *comptable*, rue de l'Auge.
Nicaise, *comptable adjoint*, rue de la Corne.

Surveillance : Hannequin, *président*, rue Saint-Cloud. — Jaunet (Eugène), *membre*.

HAUTE-MARNE

ARC-EN-BARROIS (235e section).

VAUTRIN, *receveur*, rue de la Bonde, 16.
FRÉQUELIN, *receveur adjoint*, rue de la Bonde, 2.
BOURLIER, *receveur adjoint*, Clavaire.

CHAUMONT (59e section).

DESORMES, *receveur*, rue Châteauvillain, 10.

CHEVILLON-RACHECOURT (380e s.).

RAMEAU, *président*, aux usines de Rachecourt.
ROBERT, *vice-président*, à Rachecourt.
DESCHAMPS, *trésorier*, aux usines de Rachecourt.
PLANTEGENET. *trésorier adjoint*, usines de Rachecourt.
GELLY, *secrétaire*, aux usines de Ra-hecourt.
GUINOISEAU, *secrétaire adjoint*, usines de Rachecourt.
PERCHAT, *comptable*, aux usines de Rachecourt.
POUILLY (Pierre), *archiviste*, aux usines de Rachecourt.

Surveillance : MANGENOT, *président*, aux usines
de Rachecourt. — POUILLY (Jules), DELAVIGNETTE,
DUGOUT, HUMBERT, *membres*.

MAYENNE

LAVAL (197e section).

BILLION, *président*.
DUBOIS-ARCHÉ, *vice-président*.
CAVANAGH, *trésorier*.
CAVANAGH (Mme), *trésorière adjointe*.
DESMOT, *comptable*.
FERRÉ, *secrétaire*.
DUBOIS (Paul), *secrétaire adjoint*.
DALIBARD, *archiviste*.

MEURTHE-ET-MOSELLE

NANCY (53e section).

MOTUELLE, *président*, à l'Hôtel de Ville.
ROMARY (Mlle), *vice-présidente*, rue St-Dizier, 14.
LOEB, *trésorier*, rue des Dominicains, 15.
LOUYAT, *trésorier adjoint*, rue Jeannot, 6.
FERCH, *comptable*, rue Saint-Dizier, 96.
WASSER, *secrétaire*, rue Saint-Michel, 10.
LÉONARD, *secrétaire adjoint*, rue Gambetta, 11.
LORMANT, *archiviste*, rue Ville-Vieille, 131.

Surveillance : FRÈREJOUAN, *président*, rue Jean-Lamour, 18. — SIMON (Marcelin), JACOB, BERCKMANN, SCHIRMANN, *membres*.

NIÈVRE

FOURCHAMBAULT (364e section).

FAUVEAU, *président*, rue de l'Usine.
JACQUEMET, *secrétaire*, rue Neuve.
SINTRAT, *comptable*, rue de l'Abattoir.
ROY, *trésorier*, rue Saint-Georges.
MAIN, *archiviste*, rue Saint-Martin.

NEVERS (220e section).

ROLLAND, *président*, rue des Patis, 20.
DUHAMET, *vice-président*, rue Saint-Genest, 39.
PADIOT, *trésorier*, rue du Commerce, 61.
PILON, *trésorier adjoint*, rue du 14 Juillet, 27.
PRÉVOST, *secrétaire*, rue Saint-Benin, 12.
CORNU, *secrétaire adjoint*, route de Paris.
GUIOUX, *comptable*, rue du Crost-Maillot.
FONTAINE, *archiviste*, rue de la Préfecture.

Surveillance : PICARD, *président*, rue Mirangron, 19. — MEUNIER (Alexandre), GUÉDARD, GIACOMINO, HENRY-BUTEAU, *membres*.

NORD

ARMENTIÈRES (276e section).

LEFEBVRE (Victor), *président*, rue d'Ypres, 160.
LEFEBVRE (Auguste), *trésorier*, rue Saint-Pierre, 13.
ORTILLE, *secrétaire-comptable*, rue de la Crèche, 29.
LEROY, *archiviste*, rue Saint-Augustin, 11.

Surveillance : DHORME, *président*, route de Lille. — FOURNIER (Charles), GADENNE (Charles), NEUET (Joseph), PLAISANT (Gustave), *membres*.

BLANC-SEAU-TOURCOING (336e s.).

TACH, *président*, Tourcoing, rue de Mouveaux.
FLORIN (Ed.), *vice-prés.*, Mouveaux, pavé de Roubaix.
COUTSIRE, *trésorier*, Tourcoing, r. de Wasquehal, 6.
DUHEM, *trésorier adjoint*, Tourcoing, rue Béranger, 4.
CLÈVE, *comptable*, Tourcoing, rue de Mouveaux, 117.
CHRISTIAENS, *secrétaire*, Tourcoing, r. de l'Eglise, 44.
CARLIER, *secrétaire adjoint*, rue Béranger, 9
DUPLOUY, *archiviste*, Tourcoing, fort Beaucarne.

Surveillance : Dubus, *président*, Roubaix, rue Nain, 35. — Bernard (Emile), Fougnies (Henri), Florin (Joseph), Dekock (Augustin), *membres*.

DENAIN (148e section).

Dutilleux, *président*, rue de la Station, 10.
Deschanvres (Arthur), *vice-prés.*, r. de la Station, 45.
Facon, *secrétaire*, rue de Villars, 31.
Legrain, *secrétaire adjoint*, rue de Villars, 133.
Dubois, *trésorier*, rue des Jardins, 15.
Warnet, *trésorier adjoint*, quartier Jean-Bart, 121.
Marouzé, *comptable*, quartier Cail, 12.
Descamps, *comptable adjoint*, rue de Villars, 133.
Surveillance : Haussy, *président*, rue de Villars, 29. — Lossignol (Léon), Deschanvres (Achille), Hayez (Alfred), Deloffre (Victor), *membres*.

DUNKERQUE (298e section).

Schmitt, *président*, rue de la Branche, 4 (Rosendael).
Rumteau, *trésorier*, rue de l'Abattoir, 62.
Regniez, *secrétaire*, quai de la Citadelle, 1.
Hennart, *comptable*, place d'Armes, 3

LILLE (100e section).

Chartier, *président*, rue d'Austerlitz, 53.
Foubert, *vice-président*, boulevard Montebello, 61.
Verlé, *vice-président*, place Cormontaigne, 1.
Robbe, *secrétaire*, rue Léon-Gambetta, 209.
Vallet, *secrétaire adjoint*, rue du Molinel, 28.
Verriest, *secrét. adj.*, imp. Ste-Agnès, 19, à F.-Lille.
Carpentier, *trésorier*, cité Philanthropique.
Jung, *trésorier adjoint*, rue Solferino, 168.
Richez, *comptable*, rue Jeanne-d'Arc, 22.
Coulier, *comptable adjoint*, rue du Marché, 47.
Philips, *comptable adjoint*, rue d'Esquermes, 94.
Desplinte, *archiviste*, rue Sainte-Barbe, 12.
Surveillance : Salingue, *président*, quai de la Haute-Deule, 5. — Van Rinsveldt, Dobritz, Thieffry, Garin, Birembaux, *membres*.

LOOS-LES-LILLE (156e section).

Barbais (E.), *président*, Gaz de Loos.
Coviaux, *vice-président*, à Loos.
Deuryse, *secrétaire*, à Loos.

LIAGRE, *secrétaire adjoint*, place de l'Eglise.
BARBAIS (Mme), *trésorière*, Gaz de Loos.
BARBAIS (Fernand), *trésorier adjoint*, Gaz de Loos.
ROSSIGNY, *comptable*, route de Béthune.
GARIN, *archiviste*, à Loos.

MARQUETTE-LILLE-OUEST (191e s.).

GALLO, *président*, à Marquette-lez-Lille.
LAMBLIN, *vice-président*, à Marquette-lez-Lille.
MASQUELIN, *secrétaire*, à Marquette-lez-Lille.
AMBEZA, *secrétaire adjoint*, à Marquette-lez-Lille.
MIGNOT, *trésorier*, à Madeleine-lès-Lille.
LEMAIRE, *trésorier adjoint*, à Marquette-lez-Lille.
DUTILLIEUX, *comptable*, à Marquette-lez-Lille.
TIERS, *archiviste*, à Saint-André-les-Lille.

Surveillance : HÉNEAUX (Auguste), *président*.
—LAGACHE (Henri), FAUCHEZ (Léopold), THIEFFRY,
WANTERS (Jean), *membres*.

MOUVEAUX (208e section)

D'HALLUIN-VARRASSE, *président*.
DEBLOCK (Alfred), *vice-président*.
PUDEPIÈCE (Jules), *secrétaire*.
GRIMONPONT (Louis), *secrétaire adjoint*.
STINDRE (Henri), *comptable*.
CARTON (Henri), *trésorier*.
VERBECKE (Pierre), *trésorier adjoint*.
D'HALLUIN (Emile), *archiviste*.

Surveillance : SURMONT (Louis), *président*. —
DELESPIERRE (Louis), LELEUX, CARPENTIER (Emile),
BUTRUILLE (Achille), *membres*.

ONNAING (221e section).

GUICHET (Joseph), *président*.
MONCLERCQ (Gustave), *vice-président*.
LEROUX (Léon), *trésorier*.
PAPIN (Gabriel), *trésorier adjoint*.
ROUTARD (Romain), *comptable*.
RAULIN (Alfred), *secrétaire*.
MALRIN (Gustave), *secrétaire adjoint*.
ISBLED (Louis), *archiviste*.

Surveillance : CAZIN (Adolphe), *président*, à
Quarouble. —DELATTRE (Léopold), DUSSART (Firmin), BOUCHEZ (Jules), CAZIN (Jean-Baptiste),
membres.

ROUBAIX (127ᵉ section).

BUTRUILLE, *président*, rue du Château, 13.
BURETTE, *vice-président*, rue du Collège, 78.
SOETE, *secrétaire*, rue de la Gare, 6.
WETERLY, *secrétaire adjoint*, rue Pellart, 51.
HUBERT, *secrétaire adjoint*, rue du Collège, 22.
DACQMINE, *trésorier*, rue de l'Industrie, 191.
MASCART, *trésorier adjoint*, rue de Lorraine, 48.
DELFTOMBE, *comptable*, rue de l'Ommelet, 98.
BRUNEAU, *comptable adjoint*, rue d'Inkermann, 161.
HORENT, *comptable adjoint*, rue Turgot.
TROUSSON, *archiviste*, rue du Grand-Chemin.

Surveillance : LASSÉE, *président*, rue Colbert, 36. —WEYER (Mᵐᵉ Cécile). TURPIN (Oscar), DELNATTE (Julien), DESCHAMPS (Henri), *membres*.

TOURCOING (293ᵉ section).

DUMORTIER, *président*, rue du Clinquet, 30.
DEMAN, *comptable*, rue Saint-Pierre, 58.
CHANTRY, *secrétaire*, rue de la Latte, 148.
CALLENS, *trésorier*, rue de Gand, 123.

Surveillance : DESROUSSEAUX, *président*, rue du Moulin-Fagot, 101, cour d'Halluin, 2,—MALFAIT, (Gustave), SENELAR (Fidèle), DELPLANQUE (Jules), *membres*.

VALENCIENNES-NORD (326ᵉ sect.).

HUREZ (Auguste), *président*, à Saint-Vaast-la-Haut.
WERCK (Joseph), *vice-président*, à St-Vaast-la-Haut.
PERLOT (Henri), *trésorier*, à Saint-Vaast-la-Haut.
WARIN (Florimond), *trés. adj.*, à St-Vaast-la-Haut.
DELVALLÉE (Alfred), *comptable*, à St-Vaast-la-Haut.
LEBON (Joseph), *secrétaire*, à Saint-Vaast-la-Haut.
DEPLUS (Jules), *secrétaire adj.*, à St-Vaast-la-Haut.
VIRLY (Auguste), *archiviste*, à Saint-Vaast-la-Haut.

Surveillance : CARDINAL (Désiré), *président*, à Saint-Vaast-la-Haut. — FRANCE (Lucien), TOUSSAINT (Célestin), GEMBERT (Auguste), PLUMECOCQ (Désiré), *membres*.

OISE

BEAUVAIS (62ᵉ section).

VUILLEMOT, *président*, rue de l'École-du-Chant, 7.
POIDEVIN, *vice-présid.*, hameau de la Bergerette, 3, à Saint-Just-des-Marais.

QUIJOUX, *secrétaire*, route de Calais, à Saint-Lucien.
DUBOIS *secr. adj.*, route de Rouen, à St-Just-des-Marais.
LABITTE, *trésorier*, rue Saint-Sauveur, 1.
BOULENGER, *trésorier adjoint*, rue Pastour, 13.
QUIJOUX (Mme), *comptable*, à Saint-Lucien.
SANGNIER, *archiviste*, rue de Guehengnies, 91.

Surveillance : DEFRANGE, rue Beauregard, 16.
— BOUCHERY, DHAMELENCOURT, CHRISTOPHE, TALLON, *membres*.

BORNEL (128ᵉ section).

DAVID (Léon), *président*.
VERMAND, *vice-président*.
LOYER, *secrétaire*.
LESUEUR, *secrétaire adjoint*.
LEROY, *comptable*.
GRAND (Léon), *comptable adjoint*.
BEAUVAIS, *trésorier*.
GUÉRU, *trésorier adjoint*.
BERTIN, *archiviste*.

Surveillance : VASSEUR (Emile), *président*. —
FIZANNE (Maxime), HOREM (Jules), DAVID, THORY, *membres*.

CLERMONT-DE-L'OISE (350ᵉ sect.).

DAIX (Eugène), *président*.
DEMARCHE (Lucien), *trésorier*.
DEMANY (Eug.), *secrétaire*.
REGDONNET, *comptable*.

COMPIÈGNE (195ᵉ section).

ACOUIN, *président*, rue Saint-Nicolas, 21.
DEPIERRE, *vice-président*, rue Solferino.
RANSQUIN, *trésorier*, rue Napoléon.
PINEL, *trésorier adjoint*, rue Neuve.
LAFFET, *secrétaire*, rue Preclin.
LEDOUX, *secrétaire adjoint*, rue aux Ours.
CRÉGY, *comptable*, rue Napoléon.
PASQUIER, *archiviste*, rue des Pâtissiers.

Surveillance : LEVERVE, DELONDRE, PETEL, BARBIER, LASANTÉ, *membres*.

CREIL (45ᵉ section).

GEUDELIN, *président*, à Nogent-les-Vierges.
DELORME, *vice-président*, rue Gambetta, 19.
BARTHÉLEMY (J.), *secrétaire*, rue de Montataire, 33.
LEFÈVRE, *secrétaire adjoint*, rue des Moulins, 3.

DUCORON, *trésorier*, quai d'Amont, 22.
MEUNIER, *trés. adj.*, r. du Paloron, à Nogent-l.-Vierges.
DORIOT, *comptable*, rue Juillet, 7
CAZIER, *comptable-adjoint*, rue Gambetta, 2.
DELEZENNE, *archiviste*, rue des Usines.

Surveillance : TARDIF (E.), *président*, à
Nogent-les-Vierges. — BLONDIAUX, VILLETTE (J.),
LEDOUX (S.), LENOIR, *membres*.

CUISE-LA-MOTTE-ATTICHY(301^es.).

DUCROCQ (Jules), *président*, à Trosly-Breuil.
HECQ (Léon), *vice-président*, à Cuise-la-Motte.
DUGER (Ernest), *trésorier*, à Cuise-la-Motte.
HAUTEUR (Albert), *trésorier adjoint*, à Cuise-la-Motte.
JOURNEAUX (Emile), *comptable*, à Cuise-la-Motte.
DELACOMPTÉE (Valéry), *secrétaire*, à Cuise-la-Motte.
DUPLESSIER (Henri), *secrét., adj.*, à Cuise-la-Motte.
GONLOUZELLE (Raoul), *archiviste*, à Cuise-la-Motte.

Surveillance : LELONG (Adrien), *président*, à
Cuise-la-Motte. — HAUDE (Anatole), BELLET (Léopold), VARIN (Arthur), BERTRAND (Marie), *membres*.

ÉMÉVILLE-CRÉPY en-VALOIS(378^e)

GILBERT (François), *président*, à Eméville.
DÉMAREST (Louis), *secrétaire*, à Eméville.
RONDEL (Léon), *trésorier*, à Eméville.
MAUROY (Eugène), *comptable*, à Eméville.

LIANCOURT (65e section).

CRÉTÉ, *président*, rue de l'Abattoir.
DEBEAUPUIS, *vice-président*, rue du Hamel.
MICHEL, *secrétaire*, rue Latour.
LIGNY, *secrétaire adjoint*, route de Pont.
DELORMEL, *comptable*, rue Duvoir.
TASSART, *comptable adjoint*, rue du Hamel.
ARGILLION, *trésorier*, rue Victor-Hugo.
DAUCHIN, *trésorier adjoint*, route de Compiègne.
HAUMONT, *archiviste*, route de Compiègne.

Surveillance : DHEILLY (Achille), *président*,
rue Victor-Hugo. — MÉROPE (Désiré), RAICHE
(Arthur), CANOINE (Frédéric), FRESQUIN (Jean),
membres.

PIERREFONDS-LES-BAINS (177es.).

THIRARD (Louis), *président*.
FERTÉ (Jules), *vice-président*.

LEFÈVRE (Encé), *secrétaire.*
MICHEL (Alfred), *secrétaire adjoint.*
GÉRARD Louis), *trésorier.*
MARTIN (Napoléon), *trésorier adjoint.*
MERLIER (Ludovic), *comptable.*
LEFÈVRE (André), *archiviste.*

Surveillance : MEUNIER (J.-B.), *président.* — SANTERRE (Eugène), CONNÉTABLE (Émile), FRANÇOIS (Marie), MINONFLET (Ildefonse), *membres.*

ORNE

ALENÇON (212ᵉ section).

HENAULT-MOREL, *président.*
CHAMBOY, *vice-président.*
LOUVEL, *secrétaire.*
LARTIE, *secrétaire adjoint.*
HAUTAUT, *trésorier.*
GRANGER, *trésorier adjoint.*
GUY père, *comptable.*
GUILLOCHON, *archiviste.*

Surveillance : FRESNAIS, *président.* — L'HERMINIER, HUIGNARD, LHEUREUX, AUBART, *membres.*

CÉTON (80ᵉ section).

GOUTTE, *président*, rue Neuve.
LECONTE, *vice-président*, rue de la Barre.
LEGOUT, *secrétaire*, rue du Lavoir.
DROUIN, *secrétaire adjoint*, rue du Pilori.
CHEVALLIER, *trésorier*, rue Neuve.
POIRIER, *trésorier adjoint*, rue de l'Écu.
CRENIER, *comptable*, rue de l'Écu.
COURTIN, *archiviste*, rue de l'Église.

Surveillance : SORTOIS, *président*, à la Barre. — LASNIER (Stanislas), TOUTAIN (Alexandre), TOUTAIN (Henri), FROGET (Clément), *membres.*

PAS-DE-CALAIS

BOULOGNE-SUR-MER (184ᵉ section).

LELIÈVRE, *président*, rue Nationale, 174.
SERGENT, *vice-président*, rue de Boston, 21.
LEMAITRE, *secrétaire*, rue Simonneau, 2.
GALLET, *secrétaire adjoint*, Grande-Rue, 89.
HOLLERT, *comptable*, rue Saint-Louis, 42.

MATIVAT, *trésorier*, rue Nationale, 180.
MOITIER, *trésorier adjoint*, place Navarin, 15.

Surveillance : HEMBERT, *président*, rue de Bréquerecque. — HERBET, TANVET, FOURRAT, CHAUVIN (Désiré), *membres*.

CALAIS (163e section).

REGARD, *président*, rue Lafayette, 57.
RUGAR, *vice-président*, rue des Quatre-Coins, 23.
LAUBY, *trésorier*, rue des Fleurs, 113.
MALLE, *secrétaire*, rue des Fleurs, 105.
DUTHILLOEUL (E.), *secrétaire adjoint*, rue Dognien, 17.
DUTHILLOEUL (J.), *comptable*, rue de Valenciennes, 82.
FOURRIER, *trésorier adjoint*, rue Ronsard, 14.
LEFEBVRE, *archiviste*, rue des Fontinettes, 134.

Surveillance : TERRACHE, *président*, place Crevecœur, 12. — SIMON (A.), SEYS (O.), ALLEAUME (G.), LEMAITRE (L.), *membres*.

LE PORTEL (341e section).

DEZOTEUX, *président*, rue Aqueduc.
CARON, *vice-président*, place de l'Église.
FARGUES, *trésorier*, rue Victor-Hugo.
DUVAL, *trésorier adjoint*, pont Hamel.
DELSAUX, *comptable-archiviste*, place de l'Eglise.
LEFEBVRE, *secrétaire*, rue de Boulogne.
DUBUS, *secrétaire adjoint*, rue de Boulogne.
DAUMALLE, *archiviste*, rue de Boulogne.

Surveillance : SORRIAUX, *président*, rue de Boulogne. — GEFFROY, DÉCROIX, SERGENT, ROSSIGNOL.

PUY-DE-DOME

CLERMONT-FERRAND (75e section).

LÉGUELLÉ, *président*, rue Saint-Barthélemy, 13.
VACHIER, *vice-président*, rue Saint-Hérem, 7.
FOUHÉTY, *comptable*, rue de la Treille, 15.
BARDET, *comptable adjoint*, rue Saint-Genès, 16.
BAYLE, *secrétaire*, rue Massillon, 4.
MOUTON-LA-BASTIDE, *secrétaire adj.*, pl. St Pierre 26.
MAURY, *trésorier*, avenue de la République, 8.
DURAND, *trésorier adjoint*, rue Massillon, 5.
PARGUE, *archiviste*, rue Terrasse, 9.

Surveillance : ANDRIEUX, *président*, place Saint-Pierre, 26. — BONNET, TESTOT, FINEYRE, CHASSAIN, *membres*.

ISSOIRE (263ᵉ section).

GAUTTIER, *président*, boulevard de la Halle.
BOUCHERON, *vice-président*, rue de la Berbiziale.
VESSELY, *trésorier*, boulevard Triozon-Bayle.
MANSARD, *trésorier adjoint*, rue Pissevin.
MARY, *secrétaire*, place de la République.
DELBOS, *secrétaire adjoint*, rue des Chapelles.
FRÉNAUD, *comptable*, place de la Halle.
FLORENTIN-BOUCHON, *archiviste*, pl. de la République.

Surveillance : PERRAUT, *président*, rue de la Berbiziale. — PAUGONNIER, VINCENT (Albert), LABOURIER, MESTRE, *membres*.

RIOM (223ᵉ section).

PAPON, *président*, rue de l'Hôtel de Ville.
LORGERY, *vice-président*, place de la Halle-au-Blé.
LENORMAND, *trésorier*, faubourg Layat.
CORNET, *trésorier adjoint*, avenue du Cimetière.
PRADELLE, *comptable*, au collège Michel-Hospital.
MIMY, *comptable adjoint*, rue Sirmon.
QUITTARD, *secrétaire*, rue Delille, 7.
ESPINASSE, *secrétaire adjoint*, rue Chabrol.

Surveillance : GIRARD, *président*, rue de la Comédie. — ROBERT, PORTRAIT, BARRIER, THIVAT, *membres*.

SAUXILLANGES (266ᵉ section).

BRUN (Maurice-Blaise), *président*.
DORIVAL (Paul), *vice-président*.
PORTIER (Paul), *trésorier-secrétaire*.
JARRIER (Jean-Baptiste), *comptable*.
PERCEPIED (André), *archiviste*.

THIERS (312ᵉ section).

NOALHAT, *président*, rue Durolle, 22.
GIRONDE, *vice-président*, rue Saint-Marc, 8.
CROIZET, *trésorier*, rue Neuve, 21.
ROUDIER, *trésorier adjoint*, rue de l'Egout, 3.
COPIN, *comptable*, rue de la Paillette.
CLOUVEL, *secrétaire*, rue Durolle, 49.
RONGÈRE, *secrétaire adjoint*, rue Saint-Marc, 3.
CHABRIER, *archiviste*, rue Durolle, 24.

Surveillance : BEGHON, *président*, rue des Patières. — VAUTRAIN (Joseph-Edouard), POMMERETTE (Antoine), CHEMINARD (Ernest-Jean), CATHONNET, *membres*.

BASSES-PYRÉNÉES

BAYONNE (41ᵉ section).

LEGRAND, *président*, rue d'Espagne, 34.
MONGÈS, *vice-président*, quai Chaho, 12.
EBEDARD, *secrétaire*, rue Saubiole.
MERCÉ, *secrétaire adjoint*, rue des Cordeliers, 2.
DUBERNET, *trésorier*, rue Sainte-Catherine.
HOURMAT, *trésorier adjoint*, chemin de l'Abattoir.
DOSPITAL, *comptable*, rue de Luc.
DUMONT, *comptable adjoint*, rue d'Espagne, 18.
LAGO, *archiviste*, rue Saubiole.

Surveillance : MARTY, *président*, rue Poissonnerie, 13. — GÉRARD (F.), DARIÉ (H.), DESTANDAU (L.), ROBY (F.), *membres*.

BIARRITZ (92ᵉ section).

AUGEY, *président*, rue Croix-des-Champs.
BAYLION (Théodore), *vice-président*, rue d'Espagne.
FORSANS, *secrétaire*, rue Gambetta.
SINGHER, *comptable*, à la gare B. D. B.
BAYLION (Arthur), *trésorier*, r. Olivier et de la Gare.
CROUXET, *archiviste*, place de la Mairie.
MIREMONT, *trésorier adjoint*, place de la Mairie.
SAINT-JEAN, *secrétaire adjoint*, rue Olivier.

Surveillance : GUILLEMOT, *président*, rue Gambetta. — PEYROU, VIVIÉ (Ferdinand), DUFOURG (Armand), VERRIER, *membres*

HENDAYE (91ᵉ section).

ESTOMBA (Nicolas), *vice-président*.
HIRIBARRONDO (Laurent), *comptable*.
PARDO (Jean-Baptiste), *trésorier*.
DUHART (Victor), *secrétaire adjoint*.

PAU (44ᵉ section).

GAYE, *président*.
LAPUYADE, *vice-président*.
MAYSOUNABE, *trésorier*.
BAYLE, *trésorier adjoint*.
LANNESSANS, *secrétaire*.
VERONESE, *secrétaire adjoint*.
BORDES, *comptable*.
DURAND, *archiviste*.

SAINT-JEAN-DE-LUZ (81e section).

DAUZATS, *président*, rue de l'Hospice, 1.
LAFITTE, *vice-président*, rue Etchegaray, 3.
GÉLOS, *secrétaire*, à la Mairie.
GRIGT, *secrétaire adjoint*, rue de la Baleine, 3.
DELUC, *trésorier*, rue Tourasse, 15.
HUBERT, *trésorier adjoint*, rue de la Gare, 7.
LAFARGUE, *comptable*, rue Gambetta, 52.
DARRIENTON, *archiviste*, rue du 14 Juillet, 4.

Surveillance : GUILBEAU (Martin), *président*,
rue Sopite. — HIQUET (François), BOURRUST
(Pierre), LALAGUE (Félix), POMMÈS (François),
membres.

HAUTES-PYRÉNÉES

CASTELNAU-MAGNOAC (308e sect.).

DALLAS (Edouard), *président*.
DOSSAT (Louis), *trésorier*.
ABADIE (Hippolyte), *comptable*.
SAINT-PAUL (Antoine), *secrétaire*.

TARBES (139e section).

LUPAU, *président*, rue des Grands-Fossés.
DAZET, *vice-président*, rue Massey.
DORGANS, *secrétaire*, rue de Cimetière-St-Jean, 4.
CANTON, *secrétaire adjoint*, rue de l'Orient, 23.
ROGET, *trésorier*, rue de Lasvignettes, 30.
CHASTELLAIN, *trésorier adjoint*, route de Vic.
BERNARD, *comptable*, avenue de la Gare.
COLAS, *archiviste*, rue des Grands-Fossés.

Surveillance : PATRIS, *président*, cours Gambetta, 16. — CORMIER, DREYT, LEDRUN, BARIAC,
membres.

PYRÉNÉES-ORIENTALES

ARGELÈS-SUR-MER (209e section).

JACQUEMOT (Henri), *président*.
BALMITGÈRE (Albert), *vice-président*.
MALÈGUE (Damien), *trésorier*.
MONCHANIN (Edmond), *trésorier adjoint*.
LLINAS (Côme), *comptable*.
PEY (Paul), *secrétaire*.
SURJUS (Joseph), *secrétaire adjoint*.
GIRALT (Jean), *archiviste*.

Surveillance : MALÉ (Gustave), *président.* — SURJUS (Eugène), PASCAL (Thomas), BREMOND (Antonin), FRANCÈS (Joseph), *membres.*

LE BOULOU (324ᵉ section).

ABBLARD (Pierre), *président.*
NOELE (Jean), *vice-président.*
ORTOFFA (Jean), *secrétaire.*
COSTE (François), *secrétaire adjoint.*
MIRAPEIX (Jean), *trésorier.*
GENIS (Joachim), *trésorier adjoint.*
PASCOT (Jacques), *comptable.*
NOGUÈRES (Abdon), *archiviste.*

Surveillance : PASCOT (Pierre), *président.* — OLIVE (Auguste), NOGUÈRES (Eugène), ORTOFFA (François), LLORET (Joseph), *membres.*

CÉRET (243ᵉ section).

RIGAIL (Charles), *président.*
BLANQUER (Jacques), *vice-président.*
AMADE (Adrien), *secrétaire.*
BRAZÈS (Antoine), *trésorier.*
BARRÈRE (Joseph), *comptable.*
BOUSQUET (Laurent), *archiviste.*
BERDAGUÉ (Jean), *secrétaire adjoint.*
MARTY (Henri), *trésorier adjoint.*

Surveillance : CALMON (Barthélemy), *président.* — BOIX (Joseph-Etienne), PONS (Pierre), ANGLADE (Joseph), *membres.*

COLLIOURE (190ᵉ section).

FERRER (François), *président.*
SOLA (Jacques), *vice-président.*
PARÉ (Jacques), *secrétaire.*
LAFORGE (Dominique), *secrétaire adjoint.*
SOULIER (Paul), *trésorier.*
OLIVIER (Jean), *trésorier adjoint.*
OLLER (Joseph), *comptable.*
RENÉ (Olivier), *archiviste.*

Surveillance : RICHARD (Léon), *président.* — CARBONNEIL (Auguste), BORD (Jacques), CALMON (Côme), FERRER (Jérôme), *membres.*

LAROQUE-DES-ALBÈRES (377ᵉ s.).

TAURIACH (Vincent), *président.*
MOLINS (Barthélemy), *vice-président.*

MOLINS (Joseph), *trésorier.*
ROMANJAS (François), *trésorier adjoint.*
MONTARIOL (Jacques), *comptable.*
ROCARIÈS (Félix), *secrétaire.*
PAGÈS (Baptiste), *secrétaire adjoint.*
BLAY (Etienne), *archiviste.*

Surveillance : CASADAMONT (Baptiste), *prési-dent.* — BARBOUTY (Joseph), ROCARIÈS (Louis), BÈS (François), GUISSET, *membres.*

PERPIGNAN (178e section).

JAMAIN, *président,* rue Grande-la-Réal, 13.
MULLER, *vice-président,* rue des Trois-Journées, 15.
AUZEILL, *secrétaire,* rue Fusterie, 26.
SAGAZE, *secrétaire adjoint,* rue des Marchands, 15.
VERGÈS, *trésorier,* rue du Temple, 3.
GALI, *trésorier-adjoint,* rue de la Préfecture, 4.
GRANON, *comptable,* avenue de la Gare.
TAIX, *archiviste,* rue de l'Aloès, 12.

Surveillance : GALLY, *président,* rue de la Tet, 3. — JAMINET (Etienne), ROQUE (Joseph), LAVAIL (François), BOUTET (Henri), *membres.*

PORT-VENDRES (201e section).

FORGAS (Pierre), *président.*
CAZAU (Joseph, *vice-président.*
VERGÈS (Onuphre), *secrétaire.*
PONS (Julien), *secrétaire adjoint.*
VALLS (Jean), *trésorier.*
VALLS (Marius), *trésorier adjoint.*
NAUBERT (Georges), *comptable.*
DEIT (Martin), *archiviste.*

Surveillance : VIDAL (Joseph), *président.* — BRANDOUY (Charles), BLANC (Julien fils), CABOT (Jean), FERRER (Léon), *membres.*

ST-LAURENT-RIVESALTES (231e s.).

CANAL (Nic.), *président,* à St-Laurent-de-la-Salanque.
SICRET (Alex.), *vice-pr.,* à St-Laurent-de-la-Salanque.
LOUIS (Franc.), *secrét.,* à St-Laurent-de-la-Salanque.
CRISTAU (Hor.), *secr. adj.,* à St-Laurent-de-la-Salanque.
DANOY (Franc.), *trésorier,* à St-Laurent-de-la-Salanque.
DORAT (Jacq.), *trés. adj.,* à St-Laurent-de-la-Salanque.
MANGA (Henri), *comptable,* à St-Laurent-de-la-Salanque.
CALVET (Jérôme), *archiviste.*

Surveillance : CANAL (Antoine), *président.* — DANOY (André), PARIS (Xavier), ROSES (Henri), ROGER, *membres.*

THUIR (275e section).

GAUZE (Pierre), *président.*
VICENS (Joseph), *vice-président.*
NOELL (Joseph), *trésorier,* à Sainte-Colombe.
BONARD (Eugène), *trésorier adjoint.*
GAUZE (Joseph), *comptable.*
GUERRE (Etienne), *secrétaire.*
BÈS (Pierre), *secrétaire adjoint.*
ALABERT (Abdon), *archiviste.*

Surveillance : MOLINIÉ (Paul), *président.* — CASENOVE (Jean), ROS (Joseph), FERRIOL (Jacques), DELMAS (Pierre), *membres.*

VINÇA (251e section).

VAILMARY (François), *président.*
HORTET (Clément), *vice-président.*
PHILIP (Xavier), *secrétaire.*
GOBERN (Jean), *trésorier.*
SERRADEIL (Pierre), *comptable.*
GELADE (Auguste), *secrétaire adjoint.*
MARTY (Charles), *trésorier adjoint.*
GIPULO (Joseph), *archiviste.*

Surveillance : CAPDET (Sébastien), *président.* — RESPECTE (Antoine), NUIXA (François), PARENT (Michel), BARBOTEU (Gaudérique), *membres.*

RHONE

AMPLEPUIS (149e section).

VILLY, *président,* route de Roanne.
BAURIER, *vice-président,* rue du Nord.
MEUNIER, *trésorier,* Bas-du-Bourg.
POYET, *trésorier adjoint,* Bas-du-Bourg.
FRANCALLET, *comptable,* Grande Rue.
MERIER, *comptable adjoint,* rue des Fontaines.
JOURDAN, *secrétaire,* rue Saint-Roch.
BOURDIN, *archiviste,* Grande-Rue.

Surveillance : BERTHELOT, *président,* tuilerie de Rébé. — BLACHE (Frédéric), CLAIRET (Auguste), FOUCHERAND (Jean), DUPERRAY (Jean-Cl.), *membres.*

LYON — 2ᵉ arrond. (21ᵉ section).

GAGET, *président*, rue Sainte-Hélène, 18.
PUZIN, *vice-président*, rue de la Platière, 10.
MARTINOT, *trésorier*, rue de la République, 73.
GEOFFROY *trésorier adjoint*, rue Saint-Dominique, 15.
COMTE, *comptable*, rue de la République, 81.
MICHAUD, *secrétaire*, rue Tronchet, 32.
BERNARDIN, *secrétaire adjoint*, rue Saint-Joseph, 51.
IZÉRABLE, *archiviste*, rue Bugeaud, 3.

Surveillance : CHAUDIER, *président*, rue Victor-Hugo, 13. — BOURRET, MAUMET, CHARPY, BRUYAS, *membres*.

LYON — 1ᵉʳ arrond. (236ᵉ section).

GRAVEN, *président*, rue Constantine, 6.
SARLIN, *vice-président*, rue Hôtel-de-Ville, 40.
MANDIER, *trésorier*, rue du Garet, 13.
MAGNON, *secrétaire*, rue Bouteille, 29.
JULLIEN, *comptable*, rue des Capucins, 23.

Surveillance : GIORGI, *président*, cours Gambetta, 9. — PERRALIÉ, MONTELIS (Emile), CÉLARD (Alphonse), HANNETTE (A.), *membres*.

LYON — 3ᵉ arrond. (237ᵉ section).

BÉRANGER, *président*, cours de la Liberté. 58.
LACOLLONGE, *vice-président*, rue Passet, 4.
COTTE, *trésorier*, cours de la Liberté, 107.
ROUX, *trésorier adjoint*, cours Lafayette, 134.
DELOY, *comptable*, rue de Vendôme, 197.
LOUZON, *comptable adjoint*, rue de l'Abondance, 25.
BOUQUEREL, *secrétaire*, place Bellecour, 16.
TROLLIET, *secrétaire adjoint*, cours Gambetta, 52.
ROCHET, *archiviste*, rue Turbil, 3.

Surveillance : LABOURET, *président*, rue de la Vierge-Blanche. — LUZEUX, DURAND, GROLIER, WURM, *membres*.

LYON — 4ᵉ arrond. (238ᵉ section).

DEVOT, *président*, Petite-Rue-des-Gloriettes, 17.
CHAZARD, *vice-président*, Petite-Rue-des-Gloriettes, 17.
GONTIER, *secrétaire*, Gr.-Rue-de-la-Croix-Rousse, 5.
MASSET, *secrétaire adjoint*, rue du Sentier, 21.
LAFAVERGE, *trésorier*, rue Richand, 9.
GARAVEL, *comptable*, rue de l'Alma, 8.
BUGNON, *archiviste*, boulevard de la Croix-Rousse, 161.

Surveillance : GRUNDRICH, *président*, rue du Sentier, 3. — MERCIER, JOURNET, DESTÉPHANY, GOBET, *membres.*

LYON — 5ᵉ arrond. (239ᵉ section).

CHAPPAZ, *président*, rue du Bœuf, 29.
DARGAND, *vice-président*, rue Juiverie, 16.
BOURGEON, *comptable*, rue Saint-Paul, 36.
FARGEOT, *trésorier*, place du Petit-Collège.
SIMON, *secrétaire*, chemin des Granges, 19.
AULIER, *trésorier adjoint*, rue Saint-Jean, 58.
BEPTHOLON, *secrétaire adjoint*, r. du Bourbonnais, 1 bis.
DUMAS, *archiviste*, rue de la Pyramide, 57.
MORIN, *comptable adjoint*, rue des Tuileries, 11.

Surveillance : BOURGIN, *président*, rue Saint-Alexandre, 9. — BOUTAUD, CHARDONNET, DE-GOULET, NOIROT, *membres.*

LYON — 6ᵉ arrond. (240ᵉ section).

SÉDARD (Eugène), *président*, quai des Brotteaux, 6.
VERNAY, *vice-président*, quai des Brotteaux, 4.
BAL, *comptable*, rue de Seze, 23.
VÉRAT, *comptable adjoint*, rue Bugeaud, 9.
PAPIN, *trésorier*, cours Morand, 18.
HAUG, *trésorier adjoint*, Grande-Rue-des-Charpennes, 4.
SÉZANNE, *secrétaire*, rue Saint-Côme, 2.
BÉNA, *secrétaire adjoint*, quai des Brotteaux, 11.
DUGELAY, *archiviste*, rue Garibaldi, 14.

Surveillance : SALVIGNON, *président*, rue de la Fromagerie, 30. — DURET, BERNARD, MOTTET, SÉDARD (Alfred), *membres.*

MORNANT (214ᵉ section).

NOYÉ, *président*, à Mornant.
FROMANT (Jules), *trésorier*, à Mornant.
SPONCET, *trésorier adjoint*, à Mornant.
COLLET, *comptable*, à Mornant.
BASTIA, *secrétaire*, à Saint-Laurent-d'Agny.
FROMANT (J.-B.), *archiviste*, à Mornant.

TARARE (126ᵉ section).

VIELLY, *président*, rue Denave.
BEROUDIAT, *vice-président*, place Denave.
NOYÉ, *trésorier*, rue Desguirane.
LAFAY (Pierre), *trésorier adjoint*, rue Grande.
CLAUTRIER, *secrétaire*, rue Radisson.
CHIZALLET, *secrétaire adjoint*, rue Serroux.

SOLY, *comptable*, rue Radisson.
LESPINASSE, *comptable adjoint*, rue Belfort.
CONDEMINAL, *archiviste*, rue Madeleine.

Surveillance : DENONFOUX, *président*, rue Baronnat. — LAFAY (Antoine), POINT, ROSIER, TREMBLÉ, *membres*.

SAONE-ET-LOIRE

BLANZY (96e section).

BOIS (Pierre), *président*, aux Communautés.
CHEVROT, *vice-président*, rue de l'Eglise.
VITTEAUT (Benoît), *secrétaire*, route Nationale.
CHÉRION, *secrétaire adjoint*, route Nationale.
DESBOIS (Léon), *trésorier*, route Nationale.
NIDIEAU, *trésorier adjoint*, route de Toulon.
BOUILLÈRE (Martial), *comptable*, route Nationale.
TIVOYON (Antoine), *archiviste*, à Savigny.

Surveillance : CHANDAY, *président*, quai du Canal. — VITTEAUT (Claude), DESBOIS (Benoît), BRIAND (Jean-Marie), BOIS (Antoine), *membres*.

BUXY (135e section).

FRÉAUD (François), *président*.
DOUHERET (Jacques), *vice-président*.
GUÉRIN (Léon), *comptable*.
VITTANT (Philippe), *comptable adjoint*.
GIVRY (Pierre), *trésorier*.
LEGRAND (Auguste), *trésorier adjoint*.
MYARD (Claude), *secrétaire*.
DAVANTURE (François), *secrétaire adjoint*.
GERMAIN (Louis), *archiviste*.

Surveillance : BON (Jean-Baptiste), *président*. RENAUD (Claude), BOUQUET (Guillaume), BORDET (Fr.), DRAIN (Antoine), *membres*.

CHAGNY (373e section).

ROZET, *président*, rue de Beaune, 2.
MULLER, *vice-président*, rue de la Boutière.
GEUNET, *trésorier*, rue de Beaune, 12.
LAFFRON, *secrétaire*, rue du Nantil.
MUGNIER, *comptable*, rue du Théâtre.

CHALON-SUR-SAONE (68e section).

VIEILLARD, *président*, rue de la Verrerie.
BOIVIN, *vice-président*, rue du Blé.

LAFOY, *secrétaire*, à la Mairie.
DESBROSSES, *secrétaire adjoint*, rue de la Verrerie.
AUDINET, *trésorier*, rue de la Verrerie.
TARDY, *trésorier adjoint*, rue du Port-Villiers, 8.
DUVERNAUX, *comptable*, rue Saint-Alexandre, 15.
BESSET, *archiviste*, Grande-Rue.

Surveillance : VINTOUSKY, *président*, rue d'Uxelles. — LACHAUX, MONTAIGUT, CHAILLET, GONIN, *membres*.

CHARDONNAY-UCHIZY (111ᵉ sect.).

LAGADRILLIÈRE, *président*, à Chardonnay.
BOURREY, *vice-président*, à Champvent.
NUZILLAT, *trésorier*, à Chardonnay.
BERNIZET, *trésorier adjoint*, à Champvent.
BOULAY, *comptable*, à Uchizy.
BERTHIER, *secrétaire*, à Chardonnay.
LÉTOURNEAU, *secrétaire adjoint*, à Champvent.
COLAS, *archiviste*, à Chardonnay.

Surveillance : MEUNIER (Alphonse), LUQUET (Jean-Marie), LAGADRILLIÈRE (Claude), LAFONTAINE (François), MARIN (Philibert).

LA CLAYETTE (154ᵉ section).

DUBOIS (Antoine), *président*.
CHEVALIER (Ernest), *vice-président*.
BERTHAUX (Charles), *secrétaire*.
BARRET (Auguste), *trésorier*.
THOMAS (Jules), *comptable*.
JAL (Charles), *archiviste*.
CORNELOUP (Joanny), *secrétaire adjoint*.
MARILLER (Jean), *trésorier adjoint*.

Surveillance : DESBOIS (Mᵐᵉ), *présidente*, à La Clayette. — ORNUZZANO, JOLY (Mᵐᵉ), CANET (Antoine), CORNELOUP (Isidore), *membres*.

CLUNY (103ᵉ section).

GUÉRIN, *président*.
DOMANGE, *vice-président*.
LETOURNEAU, *trésorier*.
FÉLIX, *secrétaire*.
GONZE, *secrétaire adjoint*.
GANDILLET, *trésorier adjoint*.
GUILLOUX, *comptable*.
BERNIN, *archiviste*.

Surveillance : PASSOT, *président*. — PELLE-TIER, ARNOUX, DESROCHE, BLANC, *membres*.

CORMATIN (98ᵉ section).

FAUTRIÈRE, *président.*
COMBY, *vice-président*, à Blanot.
NAVOIZAT, *secrétaire.*
CURILLON, *secrétaire adjoint*, à Chissey.
ROUSSELOT, *trésorier.*
BUISSON, *trésorier adjoint.*
MAILLARD, *comptable.*
LAMBRET, *archiviste*, à Chissey.

Surveillance : VIREY, *président*, à Malay. — CHACHUAT, GOUTORBE, BOURGEOIS, TALMARD, *membres.*

COUCHES-LES-MINES (166ᵉ section).

LAMOUR, *président.*
MAGNIEN, *vice-président.*
CORNU, *secrétaire.*
RIDET-BONNIN, *trésorier.*
DOUILLY, *comptable.*
THEULOT, *trésorier adjoint.*
ANDRÉ (Lazare), *secrétaire adjoint.*

Surveillance : CABOT, *président*, BONNARDOT, RIDET-POTOT, GAUFFRE (Jacques), VINCENT, *membres.*

CRÊCHES-LA-CHAPˡᵉ-DE-G.(160ᵉs.).

BROYEZ (Jean-Claude), *président*, à Crêches.
DUPLAND (François), *vice-président*, à Crêches.
PATISSIER (Jean-Marie), *secrétaire*, à Crêches.
ROBERT (Hippolyte), *trésorier*, à Crêches.
CORNIER (Paul), *comptable*, à Crêches.
PETIT (Joseph), *secrétaire adjoint*, à Crêches.
DELORME (Jean-Claude), *trésorier adjoint*, à Crêches.
BRUN (Jean-Claude), *comptable adjoint*, à Crêches.
GARNIER (Philippe), *archiviste*, à Crêches.

Surveillance : DUCROT (Etienne), *président*, à Crêches. — LACROIX (Pierre), GALLICHON (Joanny), BARBET (Claude), LARDET (Pierre), *membres.*

LE CREUZOT (28ᵉ section).

MOREAU, *président*, rue de Chalon, 29.
BLOT, *trésorier*, rue de Chalon, 29.
MEUNIER, *trésorier adjoint*, à Saint-Berain-sur-Dheune.
COLLIARD, *comptable.*
RAQUILLET, *secrétaire*, rue du Guide.
GELIN.

TASSIN.
ROUVRAY.
PRADET.

Surveillance : LAROCHE, TASSIN, NECTOURE, MEULIEN, GOURY, *membres*.

CUISEAUX-CONDAL (344ᵉ section)

MOIROD (Ferdinand), *président*, à Condal.
DESBROSSE (Léonard), *secrétaire*, à Condal.
BOISSON (Eugène), *comptable*, à Condal.
THENOZ (François), *trésorier*, à Condal.

CUISERY (278ᵉ section)

BRUSSIER (Claude), *président*.
BINTOUX (Pétrus), *vice-président*.
PONCET (Louis), *trésorier*.
SENNETÈRE (Jules), *trésorier adjoint*.
BAUDINET (Louis), *comptable*.
PETIT (Léon), *secrétaire*.
RUGUILLAT (Jean), *secrétaire adjoint*.
GONOT (Joseph), *archiviste*.

Surveillance : VEAU (Philippe), *président*. — GONOT (Nicolas), VIALLET aîné (Pierre), BUSSIER-POTRAT (Mᵐᵉ), BAUDINET-LEPETIT (Mᵐᵉ), *membres*.

DAVAYÉ (122ᵉ section).

MAILLET, *président*.
MARMORAT, *vice-président*.
DUCROUX, *secrétaire*.
LARDET, *trésorier*.
LIMONON (François), *secrétaire adjoint*.
LIMONON (Louis), *comptable*.
NOGUE (Claude), *trésorier adjoint*.
BERGERON, *archiviste*.

Surveillance : GIRAUD, *président*. — LUQUET (Benoît), LUQUET (J.-Pierre), SEVELINGE, BLANC (Ph.), *membres*.

SAINT-DÉSERT-GIVRY (159ᵉ sect.).

LIOBART (Théodore), *président*, à Saint-Désert.
SAUNIER (Emile), *vice-président*, à Saint-Désert.
BADET (Claude), *trésorier*, à Saint-Désert.
DUTARTRE (Antoine), *trésorier adjoint*, à Saint-Désert.
BAUDOT (Jules), *secrétaire*, à Saint-Désert.
GUILLIEN (Jean), *secrétaire adjoint*, à Saint-Désert.

DESSEVRE (Jean-Marie), *comptable*, à Rosey.
LIMONIER (Antoine), *archiviste*, à Saint-Désert.

Surveillance : VANIER (Philippe), *président*, à Saint-Désert. — MAZOYER (Thomas), LAURENT (Louis), LIMONIER (Pierre), FROUX (François), *membres*.

DOMPIERRE-LES-ORMES (289e s.).

LAPALUS (Claude), *président*.
LÉCHÈRE (Claude), *vice-président*.
DELLAC (Antoine), *comptable*.
LÉCHENET (Jean-Baptiste), *secrétaire*.
NAVOIZARD (Pierre), *trésorier*.
MAROT (Louis), *trésorier adjoint*.
CHAINTREUIL (Louis-Jules), *secrétaire adjoint*.
JANAN (Vincent), *archiviste*.

Surveillance : ROBIN (Jean), *président*. — LABROSSE (Jean-Marie), AUBAGUE (Jean-Marie), BERLIÈRE (Joseph), DUMONCEAUD (Jean-Marie), *membres*.

IGÉ (106e section)

COQUILLAT-COURDIOUX, *président*.
COQUILLAT-DUTRON, *vice-président*.
BAGOUT (Jacques), *secrétaire*.
PIN (Etienne), *comptable*.
PIN (Louis), *trésorier*.
BONNET (J.-L.), *trésorier adjoint*.
BURDEAU (J.-M.), *secrétaire adjoint*.
DUMONT (Claude), *archiviste*.

Surveillance : DAILLY (J.-M.), *président*. — VALLET (Claude), COLAS (Claude), NOGUE (Philibert), TRÉNEL (Philibert), *membres*.

LUCENAY-L'ÉVÊQUE (287e section).

LANGARD (Jean-Charles), *président*, à Anost.
BASDEVANT (Lazare), *vice-président*, à Anost.
MARMILLOT (Charles), *secrétaire*, à Anost.
THEVENIN (Faustin), *secrétaire adjoint*, à Anost.
DURAND (Magloire), *trésorier*, à Anost.
PILLIEN (François), *trésorier adjoint*, à Anost.
TREMAUD (Pierre-Louis), *comptable*, à Anost.
MAZUER (Eugène-Ermand), *archiviste*, à Anost.
NAUDIN (Jean-Baptiste), *suppléant*, à Anost.

Surveillance : Basdevant (Louis-Jules), *président, à Anost.* — Allyot (Jean), Durand (Lazare). Langard (Mme), Pillien (Mme), Durand-Magloire (Mme), *membres*.

LUGNY (141e section).

Baboud (Claude-Louis), *président.*
Moreau (Claude), *vice-président.*
Bertrand (Jean), *trésorier.*
Mandelier (Etienne), *trésorier adjoint.*
Janoir (Pierre), *comptable.*
Courrioux (Claude), *secrétaire.*
Petit (Sébastien-Louis), *secrétaire adjoint.*
Pascalis (Hubert), *archiviste.*

Surveillance : Petit (Jean-Marie), *président,* — Luquet (Jean), Levrat (Joseph), Launay (André), Boulay (Claude), *membres.*

MACON (340e section).

Litaud, *président,* place Saint-Pierre, 1.
Oremancey, *vice-président,* rue Municipale, 35.
Braillon, *secrétaire,* rue de Veule, 14.
Ryon, *secrétaire adjoint,* rue de la Levée, St-Laurent.
Guerin, *trésorier,* rue Joséphine, 57.
Hugonot, *trésorier adjoint,* rue Joséphine, 12.
Givord, *comptable,* place Saint-Pierre, 11.
Blanchard, *archiviste,* quai du Nord, 3.

MATOUR (381e section).

Lapalus (Pierre-Napoléon), *président.*
Canard (Félix-Claude-Marie), *vice-président.*
Giraud (Louis-Marie-Victor), *secrétaire.*
Michon (Jean-Claude), *secrétaire adjoint.*
Revel (Jean-Baptiste), *trésorier.*
Canard (Jean-Louis-Hippolyte), *trésorier adjoint.*
Besson (Alexandre), *comptable.*
Despiney (Louis-Antoine), *archiviste.*

Surveillance : Fayard (Benoit), *président.* — Plassard (Jean-Marie), Dussauge (Claude-Marie), Petiot (Jean), Ménichon (Jacques), *membres.*

MONTCEAU-LES-MINES (56e section)

Obriot, *président,* rue du Nord.
Genty, *vice-président,* rue Centrale.
Prieur, *trésorier,* rue Centrale.
Dupuis, *trésorier adjoint,* rue Centrale.

Durand, *secrétaire*, rue Saint-Eloi.
Rozat, *secrétaire adjoint*, rue Centrale.
Philibert, *comptable*, Croix-des-Oiseaux.
Tailhardat, *archiviste*, rue Centrale.

Surveillance : Bontemps (Vincent), *président*,
rue du Nord. — Touzot (Louis), Reveret (Hippolyte), Rajaud (Louis-Claude), Communandat
(Philippe), *membres*.

MONTCHANIN-LES-MINES (60e s.).

Bertrand, *président*, Grande-Rue (Maison Charles).
Pernet, *vice-président*, Grande-Rue (M. Chaillet).
Mathieu, *secrétaire*, rue de la Gare.
Gardette, *secrétaire adjoint*, Grande-Rue (M. Cardot).
Dupuis, *trésorier*, avoise de Montchanin.
Boillot, *trésorier adjoint*, Grande-Rue (M. Durure).
Paradon, *comptable*, rue de la Gare.
Binet, *archiviste*, Grande-Rue.

Surveillance : Jondot, *président*, rue de la
Mairie. — Boillot (François), Merlin (Antoine),
Michel (François), Carré (Louis), *membres*.

NANTON-SENNECEY-le-GR. (165e s.).

Badet (Benoît), *président*, à Vincelles.
Lefranc (Louis), *vice-président*, à Nanton.
Vanot (Louis), *trésorier*, à Nanton.
Guillemot (J.-L.), *trésorier adjoint*, à Nanton.
Platret (Emile), *secrétaire*, à Nanton.
Guillemaud (Eugène), *secrétaire adjoint*, à Nanton.
Robin (J.-Louis), *comptable*, à Nanton.
Crépeau (Francis), *archiviste*, à Nanton.

Surveillance : Barbier (Laurent), à Nanton.
— Mazoyer (Claude), Charollais (Alphonse),
Dubois (Victor-Joseph), Dard (Mathilde), *membres*

ROMENAY (288e section).

Boillot (Albert), *président*.
Moissonnier (C.-P.-M.), *vice-président*.
Desgranges (Claude), *secrétaire*.
Voisin (Paul), *secrétaire adjoint*.
Cornu (Louis), *trésorier*.
Pacaud (Emile), *trésorier adjoint*.
Grosbon (Victor), *comptable*.
Jacquet père (Ernest), *archiviste*.

Surveillance : MOISSONNIER (Théophile), *président, à* Romenay. — MORIN (Louis-Philippe), JACQUET (Ernest-Stéphane), MEUNIER (Pierre), MOREL (Charles), *membres.*

ST-BÉRAIN-SUR-DHEUNE (305e s.).

ROUX (Jean), *président.*
MUTIN (Jean), *vice-président.*
MEUNIER (Antonin), *trésorier.*
MUTIN (François), *trésorier adjoint.*
LEBŒUF (Antoine), *comptable.*
MARINOT (Paul), *secrétaire.*
GUINOT (J.-Marie), *secrétaire adjoint.*
BOISARD (Auguste), *archiviste.*

Surveillance : ROUX (Eugène), LENOBLE (Pierre), MUTIN (Emile), NOMBLOT (J.-B.), DUVERNE (Pierre), *membres.*

St-GENGOUX-LE-NATIONAL (121e s.)

DALOZ père, *président.*
VOISIN (Jean), *vice-président.*
GREUZARD (Léon), *trésorier.*
GUILLEMIN, *trésorier adjoint.*
RAVIER (Louis), *secrétaire.*
CARRÉ (Frédéric), *secrétaire adjoint.*
BOUQUET, *comptable.*
DESMURS (Jean), *comptable adjoint.*
DALOZ fils, *archiviste.*

Surveillance : RUCHOT (Jules), *président.* — LUQUET (Jules), GAUTHERON (Jean), FRANÇOIS (Philibert), PARIZE (Charles), *membres.*

SAINT-GERMAIN-DU-PLAIN (198e s.).

BAUDIN père (A.), *président.*
MARTINET (Claude), *vice-président.*
MERLE (J.-Marie), *secrétaire.*
CHANUT fils (Jean), *secrétaire adjoint.*
RIDELET (Antoine), *trésorier.*
BIARD (Pierre), *trésorier adjoint.*
GROS (Claude), *comptable.*
MICHELIN (Philippe), *archiviste.*

Surveillance : MAGNIEN (J.-B.), *président.* — REMANDET (Cl.), MERCIER (Jacques), MERCIER (Jean), PETIT (Claude), *membres.*

TOULON-SUR-ARROUX (260e s.).

LAURENT (Benoît), *président*, a Génelard.
VILLEVIÈRE (Pierre), *vice-président*, à Génelard.
CHASSEROT (Paul), *trésorier*, à Génelard.
LARIVÉ (Léonard), *trésorier adjoint*, à Génelard.
BAUDIN (Antoine), *comptable-receveur*, à Génelard.
MARTIN (Jean-Louis), *secrétaire*, à Génelard,
BLIAU (Lazare), *secrétaire adjoint*, à Génelard.
COTELLE (Claude), *archiviste*, à Génelard.

Surveillance : LOISON (Philippe), *président*, à Génelard.— DUMAINE (Francisque), PRIET (Claude-Marie), DUPRÉ (Joseph), LAMBERT (Antoine-Henri), *membres*.

TOURNUS (245e section).

MATHEY-BOUTEILLE, *président*, pl. de l'Hôtel-de-Ville.
LEBEAU *vice-président*, rue du Paradis.
THEVENIN-BRUEL, *comptable*, rive gauche de la Saône.
COCHET *trésorier*, rue du Collège.
BEFFY, *trésorier adjoint*, rue du Midi.
COQUILLAT fils, *secrétaire*, rive gauche de la Saône.
GALLAND, *secrétaire adjoint*, quai du Nord,
TISSIER, *archiviste*, rue du Midi.

Surveillance : MARGET (Louis), *président*. — BRETIN (Hubert), BERNARDON (Henri), LECLERC (Alfred), GORRET (Mme), *membres*.

TRAMAYES (146e section).

CHARCOSSET (Etienne), *président*.
DURY (Lazare), *vice-président*.
PHILIPPE (Antoine), *trésorier*.
GERBE (J.-M.), *secrétaire*.
DUSSAUGE (J.-P.), *comptable*.
AUGOYAT (J.), *trésorier adjoint*.
DURY (Philippe), *secrétaire adjoint*.
BACOT (Claude), *archiviste*.

Surveillance : PEBRAUD (Philippe), *président*, LAFOND (Joseph), DARGAUD (J.-M.), MÉLINAND (Pierre), DEBORDE (Philippe), *membres*.

HAUTE-SAONE

GRAY (109e section).

BOLE, *président*, à Arc, rue du Pont.
PERCET, *vice-président*, rue Vanoise, 2.
DÉNAUX, *trésorier*, à Arc, rue Basse.

POISOT, *trésorier adjoint*, tertre du Château.
HAUTZ, *comptable*, à Arc, rue de Dijon.
BARTH, *secrétaire*, rue de l'Arsenal.
ROLAND, *secrétaire adjoint*, à Arc, la Folie.
RÉMY, *archiviste*, rue de l'Abattoir.

Surveillance : GUILLAUME, *président*, à Arc,
rue du Pont. — NOIRJEAN, JOUARDET, CHAMPY,
membres.

SARTHE

BALLON (291ᵉ section).

BOULAY, *président*, rue du Château-Nochet.
CADEAU, *vice-président*, rue de La Fuie.
DUFEU, *comptable*, rue du Grenier-à-Sel.
HABERT, *secrétaire*, place du Champ-de-Foire.
BLIN, *trésorier*, rue du Château-Nochet.
BOULAY (Mᵐᵉ Félix), *trésor. adj.*, r. du Château-Nochet.
MINIER (Mᵐᵉ), *secrétaire adjointe*, rue du Marché.
JOUSSET (Mˡˡᵉ Marie), *archiviste*, à Saint-Laurent.

BEAUMONT-SUR-SARTHE (375ᵉ s.).

DROUIN, *président*.
BUREAU (Mˡˡᵉ), *vice-présidente*.
JOUBERT, *secrétaire*.
LEROY, *trésorier*.
BARRÉ, *comptable*.

BESSÉ-SAINT-CALAIS (229ᵉ sect.).

MUNIER (Numa), *président*, à Bessé-sur-Braye.
MARY (Célestin), *vice-président*, à Bessé.
DERVIEUX (Sylvain), *comptable*, à Bessé.
FOUGERAY (Edm.), *compt. adj. et arch.*, hôt. Cr.-Blanche.
JOUET, *trésorier*, sur la Route, à Bessé.
BADAIRE, *trésorier adjoint*, rue du Cimetière.
AUBERT, *secrétaire*, rue de la Fontaine.
GUÉRIN (Alex.), *secrétaire adjoint*, hôtel de France.

Surveillance : LANOS (Edouard), *président*, à
Bessé. — GESLIN (Charles), PASTEAU (Auguste),
FOUQUET (Emile), DORÉ (Auguste), *membres*.

BOULOIRE (247ᵉ section).

LAUNAY, *président*.
POUPIN père, *vice-président*.
CONUAU, *secrétaire*.
PIEAU, *secrétaire adjoint*.

CLÉMENT fils, *trésorier.*
OGER, *trésorier adjoint.*
LEPELTIER, *comptable.*
BOUTTIER, *archiviste.*

Surveillance : DREUX, *président.* — GUYON,
GUILLON, JANVIER, MAUCOURT, *membres.*

LA CHARTRE-SUR-LE-LOIR (218e s.)

SIMON, *président,* rue Saint-Nicolas.
GEORGET (Mme), *vice-présidente,* rue de Châtillon.
GERVAIS, *comptable,* rue du Gravier.
RIVIÈRE, *secrétaire,* rue des Jardins.
BONGARD, *secrétaire adjoint,* place de la Halle.
TAFFOREAU, *trésorier,* place de la Halle.
BANSIÈRE, *trésorier adjoint,* place de la Halle.
CADOR, *archiviste,* Grande-Rue.

Surveillance : LECOMTE (Rémy), COULON
(Henri), DUCHESNE (Alexis), TAFFOREAU, Mme GRI-
VEAU (Arthur), *membres.*

LA FERTÉ-BERNARD (253e section).

COCHIN, *président,* promenades du Mail.
BROSSARD, *vice-président,* rue Notre-Dame.
TARANNE, *trésorier,* rue de Saint-Antoine.
PILET, *trésorier adjoint,* place de l'Eglise.
DUMONT, *comptable,* rue d'Huisne.
RAPICAULT, *secrétaire,* rue du Dos-d'Ane.
SAGET, *secrétaire adjoint,* rue Denfert-Rochereau.
ROUSSEAU, *archiviste,* rue d'Huisne.

Surveillance : ROUGERON, CRÉPIN, CARRÉ,
MÉDARD, PIGALLE, *membres.*

LE GRAND-LUCÉ (205e section).

LEROY, *président,* rue de Villaines.
LEMOINE, *vice-président,* Grande-Rue.
RAMAUGÉ, *comptable,* rue de Villaines.
ADELET, *trésorier,* rue de Villaines.
HAMET, *trésorier adjoint,* rue de Villaines.
LE SÈVE, *secrétaire,* place de l'Eglise.
HERVÉ, *secrétaire adjoint,* Grande-Rue.
TAILLARD, *archiviste,* route du Mans.

Surveillance : CHEMINAIS, *président,* rue Saint-
Facile. — LÉGER (Mlle), DUFEU (Alexandre), MO-
RICEAU, LEGEAI, *membres.*

LE MANS (39ᵉ section).

RIVIÈRE, *président*, rue de l'Union, 27 (St-Pavin).
AVICE, *vice-président*, place du Hallay, 5.
BEAUVAIS, *secrétaire*, rue du Pré, 54.
LHERMENAULT, *secrétaire adjoint*, rue du Pré, 13.
RIGUET, *comptable*, rue Julien-Bodereau, 66.
ROGTON, *trésorier*, rue du Port, 14.
BELLANGER, *trésorier adjoint*, rue Hoche, 71.
FOUGRÉ, *archiviste*, avenue Saint-Gilles, 45.
Surveillance : LA BELLÉ (Mᵐᵉ), SALIS,
FOUQUE, FLOREAU, GUILMAIN, *membres*.

PONT-GENNES-MONTFORT (187ᵉ s.).

HUET, *président*, rue de la Ferté.
RENOULT, *vice-président*, rue de Montfort.
BOUJU, *trésorier*, Grande-Rue.
CHAPLAIN, *trésorier adjoint*, avenue de Lombron.
AVICE, *comptable*, rue des Chardons.
LEFFRAY, *secrétaire*, place du Champ-de-Foire.
GIRARD, *secrétaire adjoint*, Grande-Rue.
ESNAULT, *archiviste*, rue des Piliers.
Surveillance : CHEVEREAU, *président*, rue des
Dames. — OGER, DUMONT, LAUMONIER, FOUQUET,
membres.

LA SUZE (203ᵉ section).

VINÇON (François), *président*, rue des Courtils.
DELOUCHE, *vice-président*, place du Marché.
DUMÉE, *trésorier*, rue Saint-Nicolas.
PIGAULT, *comptable*, faubourg Saint-Nicolas.
DUCAUD, *secrétaire*, rue des Courtils.
PIOJET, *secrétaire adj.*, route de Chemiré-le-Gaudin.
LETESSIER (Adolphe), *trésorier adj.*, r. des Courtils.
FAUDOIRE, *archiviste*, rue du Collège.
Surveillance : LETESSIER (Henri), *président*,
rue Basse. — JOUANNEAU, VINÇON (Victor), FAS-
SOT, CHAUVIN, *membres*.

SAVOIE

CHAMBÉRY (269ᵉ section).

DUFOUR, *président*, rue des Portiques, 15.
PORTAIL, *vice-président*, Maché, 153.
PERRATONE (Céleste), *trésorier*, rue du Lycée, 37.
PERRATONE (Eugène), *trésorier adjoint*, r. du Lycée, 37.

RICHARD, *comptable*, rue Favre, 6.
BÉGET, *secrétaire*, Bas-Maché, 23.
SAGNIMORTE, *secrétaire adjoint* rue des Portiques, 15.
COVET, *archiviste*, rue du Lycée, 17.
Surveillance : BURDIN, *président*, rue du Lycée, 17.—SOUFFREY, SULPICE (Prudent), LATOUR, BLANC (Joseph), *membres*.

SEINE

ALFORTVILLE (360e section).

IMHOFF, *vice-président*, rue Lafayette, 9.
MIRAND, *trésorier*, rue du Pont-d'Ivry, 18.
COUDIÈRE, *trésorier adjoint*, rue de l'Union, 22.
MIGNARD, *comptable*, rue Véron, 34.
COUDIÈRE (Mme), *secrétaire*, rue de l'Union, 22.
CHARBONNIER, *secrétaire adjoint*, rue de l'Union, 23.
VION jeune, *archiviste*, rue du Pont-d'Ivry, 14.
Surveillance : LIÉVENS, *président*, rue Véron, 45. — VALTER, LECLERC, VION aîné, SAULNIER, *membres*.

ASNIÈRES (66e section).

MARLIOT, *président*, rue de la Liberté, 1.
LEMAIRE, *vice-président*, rue de la Liberté, 1.
PINTE, *secrétaire*, avenue de Courbevoie, 43.
VEREEKEN, *secrétaire adj.*, quai du Chemin-de-Fer, 17.
VOGLET, *trésorier*, Grande-Rue, 6.
GUILLAUME, *trésorier adjoint*, boulev. Voltaire, 161.
PARANT, *comptable*, rue Saint-Denis, 14.
BRAS, *archiviste*, boulevard Voltaire, 62.
Surveillance : MAZIER, *président*, quai du Chemin-de-Fer, 17. — BRUET, JEANTROUX, QUINCAY, SCHLACHTER, *membres*.

AUBERVILLIERS (83e section).

DOMART, *président*, rue de la Courneuve, 4.
JAGER, *vice-président*, rue de la Goutte-d'Or, 139.
DUBUISSON, *trésorier*, rue du Moutier, 32.
BAZIN, *trésorier adjoint*, rue Heurtault, 46.
BAUDOIN, *comptable*, rue Mathis, 7, à Paris.
CHAMPION, *secrétaire*, rue du Vivier, 67.
PIERSON, *secrétaire adjoint*, av. de la République, 138.
ORTION, *archiviste*, avenue de la République, 90.

Surveillance : LESAGE, *président*, rue Heurtault, 66. — PFEIFFER, HARANG, TELLE, SIRET, *membres*.

BOIS-COLOMBES (78ᵉ section).

JUSTAUD (E.), *président*, rue du Sentier, 16.
METGÉ, *vice-président*, rue des Carbonnets.
BARGOIN, *secrétaire*, rue de Colombes, 101, à Asnières.
DURAY, *secrétaire adjoint*, rue du Châlet, à Asnières.
FLESSELLE, *comptable*, rue des Orties, 4.
D'IMBERT, *trésorier*, rue des Aubépines, 40.
MOLIN, *trésorier adjoint*, rue des Bourguignons, 33.
JUSTAUD (L.), *archiviste*, rue du Sentier, 16.

Surveillance : BERTHELOT, *président*, avenue Allard, 8.—FALCON, GASSE, MARCHAND, PERROT, *membres*.

BOULOGNE-SUR-SEINE (230ᵉ sect.).

BENDELÉ, *président*, rue de la Plaine, 91.
PREUILLY (Mᵐᵉ), *secrétaire*, route de la Reine, 83.
BERGERIOUX, *trésorier*, rue des Menus, 32.
BESSE, *comptable*, rue de Paris, 44.

Surveillance : FONTAINE, *président*, boulevard de Strasbourg, 11.

CHARENTON (371ᵉ section).

COMPAND, *président et comptable*, quai Charenton, 11.
PAJAROLA, *vice-président et trésorier*, rue de Paris, 95.

Surveillance : CHAMONARD, *président*, quai de Bercy, 22. — PIERRET (Eugène), PIERRET (Léon), *membres*.

CHATILLON-FONTENAY (133ᵉ sect.).

MAFRAND, *président*, 33, r. de Paris, à Châtillon.
DROUIN, *vice-président*, à Fontenay-aux-Roses.
BERNARD, *secrétaire*, rue du Ponceau, 34, à Châtillon.
NONIN, *secrétaire adj.*, route de Paris, 16, à Châtillon.
LAMAS, *comptable*, imp. Janson, à Châtillon.
PAGE, *trésorier*, rue du Ponceau, 69, à Châtillon.
CORET, *trésorier adj.*, rue du Ponceau, 23, à Châtillon.
BILLIARD, *archiviste*, r. de la Fontaine, 11, à Châtillon.

Surveillance : SOUBISE, *président*, Grande-Rue, à Fontenay-aux-Roses. — BELLON, COLAS, BEAUCHAMP, DIEUDONNÉ, *membres*.

CHOISY-LE-ROI (151e section).

CHOVO, *président*, usine du Linoleum, à Orly.
LEMEL, *vice-président*, route de Villeneuve-le-Roi.
GOURIÉ, *secrétaire*, rue du Midi, 7.
SERGENT, *secrétaire adjoint*, rue Bavin.
COLLIGNON, *trésorier*, rue de Vitry, 30.
BARDET, *trésorier adjoint*, rue de la Croix, 3, à Orly.
BROUST, *comptable*, avenue de Paris.
DENEUVE, *archiviste*, rue de la Savonnerie, 4.
Surveillance : VERNIEUX, *président*, voie des
   Caves, à Orly. — AUGER (Paul), STRAUB (L.),
   BOULENGER (P.), MARÉCAU, *membres*.

CLAMART (193e section).

DUBOIS, *président*, chemin de la Fourche, 1.
BONAVENTURE, *vice-président*, rue du Trosy, 36 bis.
FIZELLIER, *trésorier*, rue de Saint-Cloud, 15.
MENAND, *trésorier adjoint*, place de la Mairie.
NEUBURGER, *secrétaire*, rue Denis-Gogue, 12.
D'HONNEUR, *secrétaire adjoint*, chemin de la Fourche, 1.
MANTELET, *comptable*, rue du Moulin-de-Pierre, 18.
MENAND (Mme), *archiviste*, place de la Mairie.
Surveillance : PATS, *président*, rue Chefdeville.
   — PRÉAU (Félix), ROBERT, CORBY, RÉMUSAT,
   membres.

CLICHY (24e section).

BROSSARD, *président*, boulevard National, 106
ROZE, *vice-président*, rue de l'Union, 18.
MARAIS, *secrétaire adjoint*, rue du Bois, 12.
VEAUCELLE, *trésorier*, rue du Landy, 31.
MERCIER (Alphonse), *comptable*, boul. Victor-Hugo, 90.
COLOMB, *comptable adjoint*, rue Cavé, 30, à Levallois.
CHAFFARD-LUÇON, *archiviste*, rue de l'Union, 8.
Surveillance : VOIVENEL, *président*, boulevard
   National, 91. — BARBIER (Alfred), LORIN (Ernest),
   LESUEUR (Eugène), CERVAIN (Emile), *membres*.

COURBEVOIE (196e section).

MARTIN, *président*, rue de Paris, 39.
GONDRÉ, *vice-président*, rue de Paris, 39.
WEISSHEYER, *secrétaire*, rue d'Alsace, 73.
STÉVENOT, *secrétaire adjoint*, rue de Paris, 39.
POUZARGUES, *trésorier*, rue de Bezons, 13.
FERRY, *trésorier adjoint*, rue de Bezons, 10.
ROUVIN, *comptable*, rue de Bezons, 10,
LOMBARD, *archiviste*, rue de l'Industrie, 21.

Surveillance : COULON, *président*, rue de Bezons, 12. — FROMENT, SANGROUDER, LOISON, QUENTIN, *membres*.

GENNEVILLIERS (333e section).

CAUCHIN, *président*, rue Saint-Denis, 18.
DEULIN, *vice-président*, rue du Puisart.
HABRAN, *trésorier*, place de l'Eglise, 3 bis.
DOITEAU, *trésorier adjoint*, rue Saint-Denis, 63.
DÉSORMEAUX, *comptable*, rue Saint-Denis, 4 bis.
CARLIER, *secrétaire*, place de l'Eglise, 9.
BAZIN, *secrétaire adjoint*, rue Saint-Denis, 63.
MÉNARD, *archiviste*, rue de la Procession, 41.

Surveillance : POINTEAU, *président*, rue Dubosc, 5. — DUPLAN, GACHET (Mme), VÉCHAMBRE, BEURRIER, *membres*.

GENTILLY (97e section).

ESTIVAL, *président*, route de Fontainebleau, 46.
BARBEY, *vice-président*, route de Fontainebleau, 73.
LANGLET, *secrétaire*, hospice de Bicêtre.
CADIN, *secrétaire adjoint*, hospice de Bicêtre.
MESNARD, *trésorier*, rue Duvivier, 102, à Aubervillers.
BRU, *trésorier adjoint*, hospice de Bicêtre.
MÉREZ, *comptable*, hospice de Bicêtre.
LAPEYRE, *archiviste*, hospice de Bicêtre.

Surveillance : GERBAL, ALAVOINE, FRANTZ, LETOUT, VALOIS, *membres*.

IVRY-SUR-SEINE (22e section).

LÉVÊQUE, *président*, rue du Liégat, 76.
MAUPAS, *vice-président*, rue de la Mairie, 6.
LAVEISSIÈRE, *secrétaire*, rue de la Mairie, 10.
SCHOEFFER, *secrétaire adjoint*, rue des Œillets.
VOLLANT, *comptable*, rue du Parc, 41.
LEFÈVRE, *comptable adjoint*, rue de Paris, 60.
PEYROL, *comptable adjoint*, rue du Grand-Gord, 4.
JOLLY, *trésorier*, colonie Alexandre.
NAUDIN, *trésorier adjoint*, rue des Œillets.
ANDRIEUX, *archiviste*, route de Vitry, 6.

Surveillance : THOMAS, DAVOINE, LUTHENAUER, LIEVENS, RUDE, *membres*.

LEVALLOIS-PERRET (23e section).

GUILLEAUME, *président*, rue Martinval, 30.
BONNET, *vice-président*, rue Vallier, 7.

Coïntat, *trésorier*, rue Chevalier, 25.
Roure, *trésorier adjoint*, rue Chevalier, 113.
Dangréaux, *comptable*, b. Gouvion-St-Cyr, 5, à Paris.
Chevreuil, *secrétaire*, rue Marjolin, 9.
Kirstelter, *secrétaire adjoint*, rue Chevallier, 141.
Neveux, *archiviste*, rue Gravel, 57.

Surveillance : Gouts, *président*, rue Marjolin, 31. — Cleusiou, Baget, Baudart, Terelli, *membres*.

LES LILAS (271e section).

Péan, *président*, rue du Tapis-Vert, 13.
Segaux, *vice-président*, rue de l'Avenir, 1.
Lavoiepierre, *secrétaire*, rue de Larochefoucauld, 9.
Cousin, *trésorier*, rue de Paris, 80.
Delauzanne, *comptable*, rue de l'Avenir, 7.
Couturier, *archiviste*, rue de Paris, 62.
Lefrançois, *secrétaire adjoint*, rue de Paris, 62.
Riché, *trésorier adjoint*, rue de Paris, 83.

Surveillance : Chevreau, *président*, rue de Bagnolet, 31. — Gobin, Lecourt, Roehmer, Patron, *membres*.

MAISONS-ALFORT (268e section).

Durst, *président*, rue Victor-Hugo, 23.
Rasse, *vice-président*, Grande-Rue, 73.
Strimon, *secrétaire*, hôtel de la Mairie.
Gosse, *secrétaire adjoint*, rue de Charentonneau.
Pruniot, *trésorier*, rue Victor-Hugo, 21.
Deletrez, *trésorier adjoint*, rue des Bretour.
Gondouin, *comptable*, rue Marceau, 3.
Maréchal, *archiviste*, rue de Charentonneau.

Surveillance : Auclair, *président*, Grande-Rue.—Curiace, Vaudrotte, Chaussée, Muisson, *membres*.

MALAKOFF (199e section).

Buffet, *président*, rue des Is, 14.
Née fils, *vice-président*, rue Laforest, 4.
Schæffer, *secrétaire*.
Rouh, *secrétaire adjoint*, rue Laforest, 4 bis.
Chevrier, *trésorier*, avenue Pierre-Larousse, 16.
Toutin, *trésorier adjoint*, avenue Pierre-Larousse, 16.
Billard, *comptable*, avenue Pierre-Larousse, 16.
Billoud (Mme), *archiviste*, av. Pierre-Larousse, 16.

Surveillance : MIRBELLE, *président*, avenue
Sainte-Mélanie, 4. — HOMMEL, HERVIEUX, BARBIER,
TALMON, *membres*.

MONTREUIL-SOUS-BOIS (153e sect.).

TESSIER, *président*, rue Victor-Hugo, 54.
ROZE, *vice-président*, rue Etienne-Marcel, 6.
PETIT, *secrétaire*, place de l'Eglise.
LAFUT, *secrétaire adjoint*, rue Etienne-Marcel, 6.
DEVILLENEUVE, *trésorier*, boul. de l'Hôtel-de-Ville, 7.
BOUILLOT, *trésorier adjoint*, rue Alexis-Penon.
CRAMER, *comptable*, rue Victor-Hugo, 86.
BLOT, *archiviste*, rue Victor-Hugo, 24.

Surveillance : MONIOT, *président*, aux écoles,
place de la Mairie. — LANGLOIS, PRIEUR, BIEHLER,
MUISY, *membres*.

MONTROUGE (188e section).

GIRARDIN, *président*.
RIDOUX, *vice-président*.
JANSSENS, *secrétaire*.
MINVILLE, *secrétaire adjoint*.
FROVILLE, *trésorier*.
VERCOLLIER, *trésorier adjoint*.
ROUSSIN, *comptable*.
LABARUSSIAS, *archiviste*.

NEUILLY-SUR-SEINE (123e section).

GOUDCHAUX, *président*, boulevard Maillot, 52.
GÉRARD, *vice-président*, rue de Villiers, 23.
HODENT, *secrétaire*, avenue du Roule, 51 bis.
VITOUX, *secrétaire adjoint*, avenue du Roule, 49.
PETITFRÈRE, *trésorier*, avenue de Neuilly, 94.
TOURNIEUX, *trésorier adjoint*, avenue de Neuilly, 44.
LAROCQ, *comptable*, avenue du Roule, 49.
CORBEAU, *archiviste*, boulevard Maillot, 52.

Surveillance : BRUNET, *président*, rue de
Chézy, 4 bis. — MANHER, VAN LOQUEREM, FRÉBEAU,
CHASSELIN, *membres*.

NOGENT-SUR-MARNE (95e section).

SALARNIER, *président*, Grande-Rue, 67.
GUYENOT, *vice-président*, rue du Bac, 15 (Perreux).
GOURGEOIS, *trésorier*, Grande-Rue, 124.
HAYOT, *trésorier adjoint*, avenue des Batignolles, 63.
BUSSE, *secrétaire*, place du Marché-Central, 4.

DAVID, *secrétaire adjoint*, rue Paul-Bert, 15.
REMY, *comptable*, Grande-Rue, 148.
CLARCK, *archiviste*, rue des Oulches, 65.

Surveillance : BARRÉ, *président*, rue Charles VII.
— CHÉNAULT, DUMONTIER, ROZOT, BIDAULT, *membres*.

PANTIN-LE PRÉ-St-GERVAIS (32ᵉ s.).

FARCY, *président*, r. des Sept-Arpents, 16, Pantin.
TOUZARD, *vice-prés.*, r. de Pantin, 14, Pré St-Gervais.
ROCHER, *comptable*, rue de Paris, 59, Pantin.
GRISONNET, *trés.*, rue du 14 Juillet, 34, Pré-St-Gervais.
COTTIN, *secrétaire*, rue du Pré St-Gervais, 33, Pantin.
GRANTHOMME, *archiv.*, r. de la Villette-St-Den., 4, Pant.
LÉVÊQUE, *trésor. adj.*, rue des Sept-Arpents, Pantin.
PETIT, *secrétaire adj.*, 39, route d'Aubervilliers, Pantin.
FRANÇOIS, *comptable adj.*, r. du Pré-St-G., 33, Pantin.

Surveillance : LEFÈVRE, *président*, rue de Paris, 48, Pantin. — BATUT (Paul), SOUCHET (Frédéric), CHASSANG (Eugène), GONNET, *membres*.

PARIS. — 1ᵉʳ arrond. (1ʳᵉ section).

CHASLE, *président*, rue Pirouette, 3.
BARTHELEMY, *vice-président*, r. des Petits-Champs, 3.
ACHÉ, *secrétaire*, rue du Bouloi, 15.
BECK, *secrétaire adjoint*, rue Amélie.
WARNIER, *comptable*, rue des Petits-Champs, 79.
PÉTAIN, *comptable adjoint*, rue Lamartine, 4.
WERHLIN, *trésorier*, rue Joquelet, 4.
ADAM, *trésorier adjoint*, rue des Filles-St-Thomas, 5.

Surveillance : AUBRY, *président*, rue Saint-Martin, 186. — THIÉBEAUGEORGE, STUTZ, LEROY, BRONNAIRE, *membres*.

PARIS. — 2ᵉ arrond. (2ᵉ section).

DELPEUCH, *président*, rue Saint-Denis, 138.
JOYET, *vice-président*, rue Anthony, 8.
MOLLOY, *comptable*, rue Saint-Martin, 188.
FAUDEMER, *comptable adjoint*, rue des Jeûneurs, 5.
BENOIST, *trésorier*, rue Mandar, 4.
FOUQUOIRE, *trésorier adjoint*, rue Beauregard, 8.
QUESNEL, *secrétaire*, rue Saint-Marc, 17.
MOTTARD, *secrétaire adjoint*, rue du Caire, 18.
RÉGÈS, *archiviste*, rue Saint-Denis, 183.
MOUTAILLIER, *archiviste adjoint*, rue St-Appoline, 19

Surveillance : GERVILIERS, *président*, rue de l'Arbre-Sec, 46. — GOY, BOSTYN, GAULLIER, DURONSSOY, PORTAL, *membres*.

PARIS. — 3ᵉ arrond. (3ᵉ section).

LARROCHE, *président*, rue Vieille-du-Temple, 64.
ANDRÉ, *vice-président*, rue des Francs-Bourgeois, 51.
DECAUX (Mˡˡᵉ L.), *vice-préside*, impasse Froissard, 3.
BUCHLER, *secrétaire*, rue du Petit-Musc, 28.
GAUTHIER, *secrétaire*, rue de Sévigné, 50.
BOUTTEVILLE, *secrétaire adjoint*, rue Beaubourg, 99.
COUROUX, *comptable*, rue Barbette, 13.
CONTENAY, *comptable adjoint*, rue Chapon, 5.
WOLLÈS, *comptable adjoint*, rue du Temple, 147.
CHRÉTIEN, *trésorier*, rue Tiquetonne, 44.
MOULARD, *trésorier adjoint*, rue Pastourelle, 27.
DURAND, *archiviste*, rue Turbigo, 68.

Surveillance : GAVELOT, *président*, rue de Bretagne, 37. — TOUCHARD (H.), YOT, MANÈS, SOINARD, *membres*.

PARIS. — 4ᵉ arrond. (4ᵉ section).

GEOFFROY, *président*, rue Beaubourg, 17.
PRUNIER, *vice-président*, rue des Quatre-Fils, 3.
DE GRUYTER (Ch.), *comptable génér.*, r. de Belleyme, 5.
PRAT, *comptable*, rue des Deux-Ponts, 35.
TOLLERET, *comptable*, rue Michel-Lecomte, 25.
TEISSIÈRE, *comptable*, rue Aumaire, 21.
BOUQUET, *secrétaire*, passage Pecquai, 1.
ALLARD, *secrétaire adj.*, rue Saint-Louis-en-l'Ile, 25.
DE GRUYTER (A.), *trésorier*, quai de l'Hôtel-de-Ville, 78.
LEVY, *trésorier adjoint*, rue du Temple, 36.
ROBYN, *archiviste*, r. Ste-Croix-de-la-Bretonnerie, 11.

Surveillance : DRICOURT, *président*, rue de Sévigné, 16. — CAGNANT (Antoine), VALLÉE (Alfred), CHAUDON (Constant), LATOUR (Paul), JÉROME (Louis), *membres*.

PARIS. — 5ᵉ arrond. (5ᵉ section).

NOIZET, *président*, rue Mouffetard 81.
CHEVALIER, *vice-président*, boul. Saint-Germain, 47.
SCORDEL, *secrétaire*, rue du Puits-de-l'Hermite, 26.
RUELLAN, *secrétaire adjoint*, rue Linné, 3.
RUELLAN (Victor), *secrétaire adjoint*, rue Linné, 5.

BOYALS, *comptable*, rue de Poissy, 13.
BOUR, *comptable adjoint*, rue Saint-Jacques, 330.
CHAMBAUD, *comptable adjoint*, b. de Port-Royal, 4.
CHAMBAUD (Mlle), *comptable adj.*, b. de Port-Royal, 4.
MOIGNEAU, *comptable adj.*, r. N.-D-de-Nazareth, 23.
TOUPANCE, *trésorier*, rue Mouffetard, 91.
COULMEAU, *trésorier adjoint*, r. de l'Epée-de-Bois, 13
THUREL, *archiviste*, rue Saint-Séverin, 30.

Surveillance : MINARD, *président*, rue des Ursulines, 6. — ETIENNE, VALLÉE, BISSON, LINGER, BRUN, *membres*.

PARIS. — 6e arrond. (6e section).

JATTEFAUX, *président*, rue Malebranche, 15.
HUDON, *vice-président*, rue Pernetty, 75.
RENEUVE, *secrétaire*, rue Saint-Placide, 19.
FAVORY, *trésorier*, rue Oudinot, 13.
PERROT *comptable*, rue Jacob, 45.
PETIT, *comptable adjoint*, rue Dauphine, 21.
DUPONT, *archiviste*, rue de Seine, 47.
MORET, *trésorier adjoint*, rue Jean-Bart, 3.

Surveillance : LECLÈRE, *président*, rue du Cherche-Midi, 73. —JOUANNET, FAUVEL, DUCROT, LEFRÈRE, *membres*.

PARIS. — 7e arrond. (7e section).

ROGER (L.), *président*, avenue de La Bourdonnais, 9.
VERGNAUD, *vice-président*, rue Jean-Nicot, 19.
ROGER (E.), *secrétaire*, rue Montessuy, 14.
DELACHE, *secrétaire adj.*, 53, av. de La Bourdonnais, 53.
COGEZ, *comptable*, passage Saint-Dominique, 16.
ROGER (F.), *trésorier*, rue Saint-Dominique, 145.
CAQUE, *trésorier adjoint*, av. de La Bourdonnais, 41.
JACQUELIN, *archiviste*, rue Saint-Dominique, 56.

Surveillance : BOUNIOL, *président*, avenue de la Bourdonnais, 69. — MARTENOT, DARONNE LESUEUR, BESSON, *membres*.

PARIS. — 8e arrond. (8e section).

LAGARRIGUE, père, *président*, rue Miromesnil, 47.
HURET, *vice-président*, rue de Penthièvre, 37.
FAVRE, *trésorier*, rue du Rocher, 40.
DOLÉ, *comptable*, rue de Penthièvre, 34.
PINAULT, *comptable*, adjoint rue Joubert, 43.
PLATEL, *secrétaire*, rue du Faub.-Saint-Honoré, 110.

LAMBLOT, *secrétaire-adjoint*, rue de la Boëtie, 86.
BRUEL, *archiviste*, rue de Suresnes, 7.
LAFON, *suppléant*, rue du Faub.-Saint-Honoré, 153.

Surveillance : JURUS (Virgile), *président*, rue Poncelet, 28. — JURUS (Edmond), DAMERMANT, MALET, THÉR, *membres*.

PARIS. — 9ᵉ arrond. (9ᵉ section).

LEROSIER, *président*, rue Saint-Joseph, 7.
BRIÈRE (Mˡˡᵉ), *vice-présidente*, rue Frochot, 1.
PIGEON, *trésorier*, rue Nollet, 92.
BOUHELLIER, *trésorier adjoint*, passage Tivoli, 22.
VIAL, *secrétaire*, rue d'Aboukir, 129.
MOÈS, *secrétaire adjoint*, passage du Havre, 41.
LAURENT, *comptable*, rue Ambroise-Paré, 11.
CIRET, *archiviste*, rue Truffaut, 50.

Surveillance : FLOURET, *président*, rue des Saints-Pères, 33 bis. — DELASSELLE, GOULON, BEAU, RÉGIS (Mᵐᵉ), *membres*.

PARIS. — 10ᵉ arrond. (10ᵉ section).

COLAS, *président*, rue de Bondy, 80.
DESCLOS, *vice-président*, rue de Chabrol, 43.
DARRIBES, *comptable*, rue du Vert-Bois, 76.
GAGNEPAIN, *comptable adjoint*, rue de Bondy, 80.
CAILLOT, *secrétaire*, faubourg Saint-Martin, 174.
PONNELLE, *secrétaire adjoint*, rue du Caire, 11.
DUPIC, *trésorier*, rue du Plâtre, 1.
TONNELLIER, *trésorier adjoint*, rue de Bondy, 80.
DE CHILLY, *archiviste*, rue de Bondy, 80.

Surveillance : DUFLOT (Emile), *président*, faubourg Saint-Martin, 164. — ROBERTY, LEPELLETIER, DESPAR, DUFLOT (Eugène), *membres*.

PARIS. — 11ᵉ arrond. (11ᵉ section).

LUZU, *président*, rue des Boulets, 106.
DESRUELLES, *vice-président*, faub. du Temple, 64.
BÉNEZ, *trésorier*, rue Fontaine-au-Roi, 58.
DOUVRY, *trésorier adjoint*, faubourg du Temple, 64.
PAULVÉ, *comptable général*, cité Joly, 7.
SEVEAU, *comptable adjoint* (1ʳᵉ série), r. Oberkampf, 7.
WILL, *comptable* (2ᵉ série), rue Sedaine, 63.
BOUVIER, *comptable adj.* (2ᵉ s.), r. de la Roquette, 117.
VERMEULEN, *secrétaire*, boul. Voltaire, 133.
DUCET, *secrétaire adjoint*, rue de la Réunion, 107.
CHENAL, *archiviste*, rue des Trois-Bornes, 29.

Surveillance : DEBORD, *président*, rue Sedaine, 50. — PIJON, MICHEL, MOJON, COMBES,
TIRFOIN, *membres*.

PARIS. — 12e arrond. (12e section).

AUDONNET, *président*, rue de Charenton, 59.
QUILLARD, *vice-président*, boul. Diderot, 68.
CRET (Louis), *secrétaire*, boul. de Picpus, 48.
MORIN, *trésorier*, faubourg Saint-Antoine, 56.
SABARDIN, *trésorier adjoint*, rue des Boulets, 9.
MORLOT, *comptable*, faubourg Saint-Antoine, 234.
ARBOGAST, *comptable adjoint*, faub. St-Antoine, 82.
ESTIENNE, *archiviste*, faub. Saint-Antoine, 234.

Surveillance : MALSAC, *président*, rue Croza-
tier, 46. — CRET (Adrien), LOUIS (Léon), PERNOT
(Adolphe), *membres*.

PARIS. — 13e arrond (13e section).

SEGOND, *président*, rue Julienne, 4.
DUMALANEDE, *vice-président*, rue Daubenton, 1 bis.
LÉGER, *trésorier*, boulevard de l'Hôpital, 68.
CROCHIN, *trésorier adjoint*, rue du Chevaleret, 151.
BRIDE, *comptable*, boulevard de la Gare, 12.
COLLIN, *comptable adjoint*, avenue des Gobelins, 48.
BABEL, *secrétaire*, rue de la Glacière, 77.
BONET, *secrétaire adjoint*, boulevard Saint-Marcel, 52.
MARTIN, *archiviste*, rue de Lourcine, 2.

Surveillance : FERRAND, *président*, boulevard
de la Gare, 155. — MÉLARD, ANGELERQUES, LE-
LONGT, FOREST, *membres*.

PARIS. — 14e arrond. (14e section).

TRUYTS, *président*, rue Delambre, 14.
DUGAS, *vice-président*, rue Boulard, 11.
LEFEBVRE, *comptable général*, rue de Grenelle, 8.
BAILLY, *compt.* (2e série), boul. Montparnasse, 106.
VINCENT, *comptable adjoint*, rue Cochin, 5.
BOULICAUT, *comptable adjoint*, rue Boulard, 47.
ESTIENNE, *secrétaire* (2e série), rue de Médéah, 18.
KUHN, *secrétaire adjoint*, rue Daguerre, 50.
SOMMET *trésorier*, rue du Moulin-Vert, 57.
DUFFIEUX, *secrétaire*, rue Cassini, 18.
MOREL, *trésorier adjoint*, avenue du Maine, 33.

Surveillance : THIMBAUT, *président*, rue de
Seine, 36. — GENTET, DAYDÉ, BEAURAIN, MOREL,
ISABEL, *membres*.

PARIS. — 15ᵉ arrond. (15ᵉ section).

DECOTTIGNIES, *président*, rue Lecourbe, 43.
RABEC, *vice-président*, rue Violet, 59.
VATTANNE, *secrétaire*, rue Violet, 59.
ROUMIGNIER, *secrétaire adjoint*, rue d'Alleray, 20.
DULU, *trésorier*, rue de la Rosière, 7.
JOLLY (Louis), *trésorier adjoint*, rue Tiphaine, 26.
LOISEL, *comptable*, rue de la Rosière, 10.
CHAPPEL, *comptable adjoint*, rue d'Alleray, 18.
JOLLY (Auguste), *comptable adj.*, boul. de Grenelle, 78.
MAURUC, *archiviste*, avenue du Maine, 33.

Surveillance : DEVAILLY, *président*, rue de Lourmel, 61. — POULIN, DOUX, GUILLAUMOT, RAMELET, *membres*.

PARIS. — 16ᵉ arrond. (16ᵉ section).

DORIZY, *président*, rue de l'Annonciation, 3.
SAVOUREUX, *vice-président*, rue Bassano, 12.
VANGARNER, *trésorier*, rue Lauriston, 35.
GEORGES, *comptable*, rue Mesnil, 10.
DUPUIS, *secrétaire*, avenue Kléber, 69.
GUETTAULT, *trésorier adjoint*, av. Malakoff, 48.
DUBOIS, *secrétaire adjoint*, rue de l'Annonciation, 3.
CATELOUX (Alexandre), *archiviste*, av. Malakoff, 26.

Surveillance : COCHET, *président*, rue Freycinet, 28. — PÉTIVIER (Mˡˡᵉ), HERSCH (Mˡˡᵉ Marguerite), CATELOUX-TORIN, MENUSET, *membres*.

PARIS. — 17ᵉ arrond. (17ᵉ section).

ROYER, *président*, rue Marcadet, 281.
MARÉCHAL, *vice-président*, rue des Moines, 88.
DUCHATEAU, *secrétaire*, rue Berzélius, 9.
REMBUSCH, *secrétaire adjoint*, rue Balagny, 23.
TRIMOUILLE, *comptable*, rue Marcadet, 281.
VERDON, *trésorier*, rue de Tocqueville, 90.
ALLARD, *trésorier adjoint*, rue Balagny, 23.
BONNET, *archiviste*, boulevard Barbès, 10.

Surveillance : BODIN, *président*, rue Truffaut, 102. — GAUJAC, BOUDOT, COLLET, MASCRET, *membres*.

PARIS. — 18ᵉ arrond. (18ᵉ section).

FRANCK, *président*, rue de la Chapelle, 35.
BULH, *vice-président*, boulevard Barbès, 18.
VARLET, *trésorier*, rue Letort, 20.
CAZEAUX, *trésorier adjoint*, rue de Clignancourt, 97.

7

SOMMELLIER, *comptable*, rue Chappe, 23.
DUPREZ, *comptable adjoint*, rue d'Aboukir, 89.
LEROY, *comptable adjoint*, rue Custine, 9.
LAUREAU, *secrétaire*, rue de la Chapelle, 127.
NOBLET, *secrétaire adjoint*, rue de la Chapelle, 142.
DAUVILLIERS, *archiviste*, rue Marcadet, 110.

Surveillance : DIGUET, *président*, — GRAND-JEAN, CHARNIER, HANSEL, FOREAU, *membres*.

PARIS. — 19e arrond. (19e section)

BEG, *président*, rue Rébeval, 37 bis.
FROMENT *vice-président*, rue Mathis, 38.
MENNINGEN, *secrétaire*, rue des Pyrénées, 375.
VARELLE *secrétaire adjoint*, rue de Flandre, 147.
BEDON, *trésorier*, rue Bernard-Palissy, 12.
KAISER, *trésorier adjoint*, rue de Crimée, 241.
GUERBER, *comptable*, r. Rébeval, 55 (cité Jandelle, 1).
COUTURIER, *comptable adjoint*, rue de Flandre, 68.
VALLOIS, *archiviste*, passage Puebla, 9.

Surveillance : POTRON, *président*, rue de l'Ourcq, 48.—AMBLARD, FAISY, DESFOLIE, MOROT-GAUDRY, *membres*.

PARIS, — 20e arrond. (20e section).

ANDRÉ, *président*, rue de Belleville, 80.
LACROIX, *vice-président*, rue des Panoyaux, 68.
BOUGAUT, *secrétaire*, rue Ménilmontant, 20.
LEROY, *secrétaire adjoint*, rue Désirée, 14.
PELLERIN, *secrétaire adjoint*, rue Ménilmontant, 2.
TURLIN, *trésorier*, rue des Gatines, 25.
GANIER, *trésorier adjoint*, rue des Amandiers, 119.
ALLAIS (E.), *comptable général*, rue Ménilmontant, 61.
COMBARD, *comptable*, cité Crespin, 9 et 11.
DUBOIS, *comptable*, rue Ménilmontant, 47.
COUTURIER, *comptable*, rue Victor-Letalle, 10.

Surveillance : ALLAIS (Ch.), *président*, faubourg Saint-Martin, 20. — ALLAIS (Mlle), COMBARD (Mme), OHL, RAVAUX, DUMEIX, *membres*.

SAINT-DENIS (19e section).

HOELT, *président*, avenue de Paris, 205.
LANDROT, *vice-président*, rue Suger, 1.
ENGEL, *secrétaire*, rue du Landy, 55.
CHAVONIN (Pierre), *secrétaire adjoint*, rue Aubert, 1.
GUILLOCHEAU, *comptable*, rue de Paris, 72.

CHESNAIS, *trésorier*, rue de Paris, 50.
MARCHAND, *trésorier adjoint*, pl. du Marché, 14.
MERCIER, *archiviste*, rue Compoise, 76.

Surveillance : CHAVONIN (Joseph), *président*,
rue Aubert, 1. — TRIBOUT, LANDROT (Charles),
NENON, *membres*.

SAINT-OUEN (99ᵉ section).

GRELLE, *président*, avenue des Batignolles, 63.
BIDAULT, *vice-président*, rue au Four, 1.
PIERRE, *secrétaire*, avenue des Batignolles, 86.
MARQUAIRE, *secrétaire adjoint*, rue des Châteaux, 20.
BOURGOIN, *trésorier*, rue des Rosiers, 13.
MARSAL, *trésorier adjoint*, rue Montmartre, 36.
PELLERIN (Michel), *comptable*, av. des Batignolles, 100.
PELLERIN (Louis), *archiviste*, av. des Batignolles, 132.

Surveillance : COURTOISON (J.-Léon), *président*, rue des Châteaux, 20. — BECKER (Pierre),
MOUTIER, COPE, COURTOISON (Gabriel), *membres*.

SCEAUX (101ᵉ section).

MOUSNIER, *président*, rue Houdan, 26.
CHARAIRE, *vice-président*, rue Houdan, 78.
LIOT, *trésorier*, rue Houdan, 82.
ESNAULT, *trésorier adjoint*, rue Houdan, 58.
BARRÉ, *secrétaire*, rue Houdan, 33.
BRACCHI, *secrétaire adjoint*, rue des Écoles, 29.
BONNET, *comptable*, aux Quatre-Chemins.
RICHARD, *archiviste*, rue Houdan.

Surveillance : LAUNAY, *président*, chemin des
Chêneaux, 6. — ALAVOINE, FONTERAY, PARGNY,
RAVARD, *membres*.

SURESNES-PUTEAUX (52ᵉ section).

BAUX, *président*, quai de Suresnes, 59, à Suresnes.
BAILLY, *vice-prés.*, rue Ste-Appoline 17, à Suresnes.
VIANNÈS, *très.* rue du Mont-Valérien, 9, à Suresnes.
BOUTELOUP, *très. adj.*, rue St-Antoine, 4, à Suresnes.
GAUTIEZ, *comptable*, rue de Rothschild, 2, à Suresnes.
MARIE, *secrét.*, rue des Bas-Rogers, 10, à Puteaux.
DESSEZ, *secrét. adj.*, r. des Bas-Rogers, 18, à Puteaux.
JUNG, *archiviste*, rue du Mont-Valérien, 6, à Suresnes.

Surveillance : AGNARD, *président*, rue du
Mont-Valérien, 32, à Suresnes. — AUBIN, LOGIE,
SIEGFRIED, ARBELET, *membres*.

VANVES (113e section).

FÉRAY, *président*, rue de la Mairie, 40.
LAVIGNE, *vice-président*, rue de Clamart, 12₃
BOSSUS, *secrétaire*, rue Gaudray, 4.
PASQUELIN, *secrétaire adjoint*, rue de Paris, 17.
HENRION, *trésorier*, rue de la Mairie, 27 bis.
POINTEAUX, *trésorier adjoint*, rue de la Mairie, 29.
BORDEAU, *comptable*, rue de Paris, 27.
JOUSSET, *archiviste*, rue de Paris, 53.
Surveillance : PETTEX, *président*, rue Saint-Martin, 1. — VEYSSADE (Louis), GILBRUN (Jules), BEUGRAS (Jean), PICHOT (Aimé), *membres*.

VINCENNES (26e section).

HALLIOT, *président*, avenue du Polygone.
DEFLANDRE, *vice-prés.*, r. Fontenay, 50.
GILLOT, *trésorier*, rue de Paris, 47.
BOURRIOU (Mlle), *trés.-adje*, r. de Lagny, 104, à Paris.
LAHACHE, *archiviste*, avenue Aubert, 36.
GOMMERAT, *secrét.* rue de Fontenay, 97.
BRIÈRE, *secr. adj.*, faubourg Saint-Denis, à Paris.
PATTE, *secr. adj.*, rue de Paris.
Surveillance : HUGONNAUX, *président*, rue Massue, 22, à Vincennes. — BOCHET, ROCTON, MORIS, TARA père, *membres*.

SEINE-ET-MARNE

CHATEAU-LANDON (262e section).

SEVRIN (Georges), *président*.
COUDRAY (Auguste), *vice-président*.
BIDAULT (Adolphe), *trésorier*.
PANNIER (Isidore), *trésorier adjoint*.
DRUGUET (Eugène), *comptable*.
GUYON (Emile), *secrétaire*.
NOUE (Eugène), *secrétaire adjoint*.
MONGIN (Charles), *archiviste*.
Surveillance : MARCHANDISE (Paul), *président*. — DANGER (Charles), MONTEILLARD (Georges), PANNIER (Fernand), LAVAUD (Georges), *membres*.

CHELLES (174e section).

GUÉDÈS, *président*, rue Gambetta, 38.
LEGÉE, *vice-président*, quai de la Marne, 20.
LAMBERT, *trésorier*, rue des Carrières, 26.
MATHIEU, *comptable*, rue Saint-Georges, 6.

CORBON, *secrétaire*, rue des Carrières.

DE NANCY, *archiviste*, à Montfermeil (Seine-et-Oise).

LAUDON, *secrétaire adjoint*, rue Saint-Georges, 2.

LOIRE, *trésorier adjoint*, rue Saint-Georges, 30.

Surveillance : LOPIN, *président*, rue Saint-Georges, 13. — ETERLET (Léon), CHEVALIER (Emile), MOREL (Auguste), CHARLOT (Auguste-Clément), *membres*.

COULOMMIERS (147e section).

POTTIER, *président*.

BUCAILLE, *vice-président*.

BLONDEL (Ernest), *trésorier*.

GASTELLIER, *trésorier adjoint*.

CHEVALLIER (Eugène), *comptable*

HOUDET, *secrétaire*.

BONABRY, *secrétaire adjoint*.

GALLOT, *archiviste*.

LA FERTÉ-SOUS-JOUARRE (180e s.).

GILQUIN, *président*, route de Château-Thierry.

REIDEMEISTER, *vice-président*, r. du Port-aux-Meules.

FOUCART, *secrétaire*, rue Saint-Nicolas.

PINART, *comptable*, route de Château-Thierry.

FREULON, *archiviste-receveur*, pl. de l'Hôtel-de-Ville.

VIGNÉ, *trésorier*, quai de Marine.

SOMBERT, *trésorier adjoint*, rue du Faubourg.

TRANCHANT, *secrétaire adjoint*, rue du Limon.

Surveillance : TRANCHANT, *président*, rue de la Haute-Vue. — VONKILCH, JAECK, CARRETTE, CHOTTARD, *membres*.

JOUY s/MORIN-La FERTÉ-GAUCHER (338e section).

COLLIN (Louis), *président*, à Champgoulin.

MOHR (Georges), *vice-président*, à Jouy-sur-Morin.

CHARZAT (Eugène), *secrétaire*, à Jouy-sur-Morin.

PRIEUR (Alphonse), *secrétaire adjoint*, au Marais.

MARTEL (Henri), *trésorier*, à Jouy-sur-Morin.

GUTELLE (Auguste), *trésorier adj.*, à Champgoulin.

MARCHAND (Anatole), *comptable*, à Jouy-sur-Morin.

MULOT (Arthur), *archiviste*, à Jouy-sur-Morin.

Surveillance : GALLECIER (Louis), *président*, à Champgoulin. — LAHAYE (Joseph), RICHARD (Henri), LOURDIN (Basile), MULOT (Jules), *membres*.

LAGNY-SUR-MARNE (69e section).

GIRARD, *président*, quai du Pré-Long.

ROBIN, *vice-président*, rue de l'Anre, 4.

LEGRAND, *secrétaire*, rue Gambetta, 30.

FERRY, *secrétaire adjoint*, rue du Chemin-de-Fer, 39.

DÉTAINT, *comptable*, rue du Chemin-de-Fer, 38.

BOULANGER, *comptable adjoint*, à Thorigny.

BOURDELOUP, *trésorier*, rue des Marchés, 31.

MAUBERQUEZ, *trésorier adjoint*, à Thorigny.

BERRANGER, *archiviste*, pl. du Marché-au-Blé, 10.

Surveillance : CHARPENTIER, *président*, rue Gambetta, 2. — DELAUNNE (Fernand), ANIQUET (Marius), PAULÉ, ALLAIRE, *membres*.

LIZY-SUR-OURCQ (354e section).

ROY, *président*.

DANIEL, *vice-président*.

LAMY, *trésorier*.

JEANVRESSE, *trésorier adjoint*.

NANSOT, *secrétaire*.

COURTIER, *secrétaire adjoint*.

GAUTHIER, *comptable*.

GUILLOT, *archiviste*.

Surveillance : BENOIST, *président*, aux Vieux-Moulins. — DESPLANQUES, VALLERAND, TATÉ (Jules), DUGERF, *membres*.

MEAUX (35e section).

GAILLET, *président*, r. du Faubourg-St-Nicolas, 10.

BOYENVAL, *vice-président*, rue Saint-Nicolas, 55.

CARON, *secrétaire*, rue Coulommière, 40.

SPRÉCHER, *secrétaire adjoint*, rue du Marché.

PARIS, *trésorier*, rue Coulommière, 29.

LIÉVIN, *trésorier adjoint*, place du Marché, 30.

LELEU, *comptable*, à Villenoy.

TROUVÉ, *comptable adjoint*, rue Cornillon, 11.

TRANNOY, *archiviste*, rue du Sauvage.

Surveillance : BARIGNY, *président*, rue du Palais-de-Justice, 1. — MILVILLE, BRUGVIN, ANTIER, NORMAND, *membres*.

PENCHARD (76e section).

BONNET (Eugène), *président*, à Meaux.

CRINON (Pierre), *vice-président*.

GAVELLE (Henri), *comptable*.

MAVRÉ (Edouard), *comptable adjoint*.

HUBERT (Louis), *trésorier.*
GAVELLE (Louis), *trésorier adjoint.*
VILLAIN (Alfred), *secrétaire.*
MOREAU, *secrétaire adjoint,* à Neufmoutiers.
HUBERT (Joseph), *archiviste.*
Surveillance : VIARD (Désiré)(Mme), *président.*
— PAGNIÉ (Désiré), BERNARD (Rose), LIÉVIN (Adolphe), VILLAIN (Paul), *membres.*

SAINT-CYR-s.-MORIN (112ᵉ section).

TISSEAU (Henri), *président,* à l'usine de Biercy.
JORAND (Joseph), *vice-président,* à St-Cyr-sur-Morin.
HURAND (Edmond), *secrétaire,* à Saint-Cyr-sur-Morin.
LANGLAIS (Edouard) *secrét. adj.,* à St-Cyr-sur-Morin.
PINARD (Arthur), *trésorier,* à Biercy.
YVONNET (Charles), *trés. adj.,* à St-Cyr-sur-Morin.
CAMUS (Albert), *comptable,* à Biercy.
LÉCUYER (Alexandre), *archiviste,* à Courcelles-la-Roue.
Surveillance : LOT (Camille), *président,* à Saint-Cyr-sur-Morin. — BLANCHARD (Paul), GAYER, COUVREUR (Alexandre), COUVREUR (Léon), *membres.*

St-SOUPPLETS-DAMMARTIN (204ᵉ).

PORTENIER, *président,* rue du Bourget, à St-Soupplets.
GODRON, *vice-prés.,* rue des Panouffles, à St-Soupplets.
MARIN, *secrétaire,* rue des Panouffles, à St-Soupplets.
CHAUFFOURIER, *sec. adj.,* r. de Chaumont, à St-Soupplets.
TRUMELET, *trésorier,* rue de Chaumont, à St-Soupplets.
COILLOT (Thomas), *trés. adj.,* r. du Buat, à St-Soupplets.
DANTAN, *comptable,* rue du Bourget, à St-Soupplets.
COILLOT (Claude), *archiv.,* r. du Buat, à St-Soupplets.
Surveillance : MARTIN, *président,* Grande-Rue, à St-Soupplets. — SERON (Alphonse), L'HERMITTE (Eugène), SERON (Isidore), GOBERT (Joseph), *membres.*

VILLENOY (152ᵉ section).

CHAUVIN (Emile), *président.*
ROBERT (Paul), *vice-président.*
OLIER (André), *secrétaire.*
MARCOIN (Alfred), *secrétaire adjoint.*
BRACONNIER (Edouard), *comptable.*
WERLÉ (Auguste), *trésorier.*
BILLY (Pierre), *trésorier adjoint.*
CHOIN (Jules), *archiviste.*

Surveillance : Renard (Victorin), *président.*
— Guerin (Charles), Schaetzel (Jean), Guillau-
met, Dutroux, *membres.*

SEINE-ET-OISE

ARGENTEUIL (157e section):
Collas, *président*, rue de Pontoise, 8.
Desjardins, *vice-président*, rue de Pontoise, 60.
Boucher, *secrétaire*, rue de l'Abbé-Fleury.
Boyeldieu, *secrétaire adjoint*, rue de Saint-Germain.
Lovet, *trésorier*, rue Centrale, 18.
Delacroix-Collas, *trésorier adjoint*, r. de Seine, 8.
Broutin, *comptable*, rue Laugier, 13.
Defresne, *archiviste*, place de l'Eglise.

Surveillance : Leguay, *président*, rue des
Ouches, 36. — Mansel (Emile), Signolle (Eugène), Bray (Ernest), Magnan (Pierre), *membres.*

ARPAJON-MONTLHÉRY (272e sect.).
Boiteux (L.-E.), *président*, à Montlhéry.
Perdrigeon (Eugène), *vice-président*, à Montlhéry.
Rochefort, *secrétaire*, à Montlhéry.
Gaillard (Emile), *secrétaire adjoint*, à Montlhéry.
Rémond (Arsène), *trésorier*, à Montlhéry.
Céran (Paul), *trésorier adjoint*, à Montlhéry.
Barré, *comptable*, à Montlhéry.
Lescure (Paul), *archiviste*, à Montlhéry.

AUTHON-LA-PLAINE (318e section).
Gau (Victor), *président.*
Pichard (Jacques), *vice-président.*
Perrot (Henri), *secrétaire.*
Guisnet (Adolphe), *secrétaire adjoint.*
Caquet (Louis), *trésorier.*
Pierre (Charles), *trésorier adjoint.*
Fortin (Désiré), *comptable.*
Dumont (Omer), *archiviste.*

CERNY-LA FERTÉ-ALAIS (283e s.).
Damiot (Emile), *président*, à Cerny.
Damiot (Edouard), *trésorier*, à Cerny.
Leclère (Théophile), *comptable*, à Cerny.
Riché (Louis), *secrétaire*, à Montmirault-Cerny.

Surveillance : Reveilli (Auguste), *président*,
à Cerny. — Boucher (Georges), Pillas (Paul),
Damour (Louis), Delton (Anthime), *membres.*

DOURDAN-NORD (286e section).

BERTHELOT, *président*, rue Neuve, 11.
GUY, *vice-président*, rue Neuve, 5.
BONNEAU, *trésorier*, rue Saint-Pierre, 18.
HAYER, *secrétaire*, rue des Fossés, 8.
IMBAULT (Alexandre), *comptable*, rue Beaulieu.
BOHER, *secrétaire adjoint*, r. des Belles-Femmes, 10.
PIARD, *trésorier adjoint*, rue de la Geôle.
IMBAULT (Léandre), *archiviste*, rue Basse-Foulerie, 7.

Surveillance : LABBÉ, *président*, rue Haute-Foulerie, 22. — BOURDEAU, MACHELÉ, TRUMEAU, COCHETEAU, *membres*.

DOURDAN-SUD-St-ARNOULT (315e s.)

CAMESCASSE, *président*, à Saint-Arnoult.
DESCHAMPS (P.), *secrétaire*, à Saint-Arnoult.
POULAIN, *comptable*, à Saint-Arnoult.
LÉE, *trésorier*, à Saint-Arnoult.

ESSONNES (131e section).

PORTRAIT, *président*, rue de la Papeterie, 51.
CAUDRON, *vice-président*, à la papeterie d'Essonnes.
GÉRARDIN, *trésorier*, à la papeterie d'Essonnes.
ROBERT, *trésorier adjoint*, rue de Paris.
BOLENDER, *comptable*, place Galignani, à Corbeil.
BONNEAU, *secrétaire*, rue des Postes.
LAVIGNE, *archiviste*, rue de Paris.

Surveillance : TIMBERT, *président*, rue de Paris. — CARTIER, DAVID, GAROT, CASSÉ (E.), *membres*.

MARLY-LE-ROI (331e section).

CHARIER (Edouard), *président*, à Villepreux.
PRÉEL (Edmond), *vice-président*, à Villepreux.
AVICE (Louis), *secrétaire*, à Villepreux.
LEDUC (Léon), *secrétaire adjoint*, à Villepreux.
ADAM (Louis), *trésorier*, à Villepreux.
LEROY (Paul), *trésorier adjoint*, à Villepreux.
LEROY (Louis), *comptable*, à Villepreux.
LEDUC (Jules), *archiviste*, à Villepreux.

Surveillance : HERVÉ (Jacques), *président*, à Villepreux. — LAFONT (Théophile), HERVY (Louis), POHU (Victor), ADAM (Gabriel), *membres*.

MONTMORENCY (274e section).

HOURLIER, *président*, à Montlignon.
BOURGEOIS (Louis), *vice-président*, à Andilly.

MANDAR-MORIN, *secrétaire*, à Montlignon.
GOSMENT, *secrétaire adjoint*, à Montlignon.
BRÉBION, *trésorier*, à Eaubonne.
TILLIET, *trésorier adjoint*, à Andilly.
ARCHIMBAUD, *comptable*, à Montlignon.
LE DARG, *archiviste*, à Montlignon.

Surveillance : QUÉNET (Nestor), *président*, à
Montlignon. — MASSON (Anatole), TILLIET fils,
EMERY (Edouard), LEROUX (Léon), *membres*,

NEUILLY-PLAISANCE (143ᵉ section).

POINSIGNON (Ch.), *président*, rue des Belles-Vues, 18.
PICART, *vice-président*, rue de la Station.
RENCHON, *comptable*, rue des Belles-Vues.
GAUTHIER (Mᵐᵉ), *trésorière*, chemin de Meaux.
CARLIER, *secrétaire*, rue des Belles-Vues.
LAMBERT, *secrétaire adjoint*, à Neuilly-sur-Marne.
GUIZARD (Mᵐᵉ), *trésorière adjointe*.
DELCROIX, *archiviste*.

Surveillance : AUBERT, GAUTHIER, RENAULT,
ELLOY, GÉNIOT, *membres*..

PERSAN (40ᵉ section).

GAUTIER (F.), *président*.
HEYDEN, *vice-président*.
VOGT (J.), *secrétaire*.
BOURDELLE, *secrétaire adjoint*.
COLLIGNON, *trésorier*.
BERTRAND (L.), *trésorier adjoint*, à Beaumont.
LAUGNIEZ, *comptable*, à Beaumont.
VANAKER (E.), *archiviste*.

Surveillance : SIMON (Charles), *président*, à
Beaumont. — COCHET (F.), MARTEL, BRÉBANT (J.),
FOURNIER (A.), *membres*.

PONTOISE (322ᵉ section).

GATEAU, *prés.*, r. de St-Ouen, 20, à St-Ouen-l'Aumône.
BOUSQUAIROL, *trés.*, r. Hte-Aumône, 7, St-Ouen-l'Aum.
CORDELIER, *secr.*, r. de St-Ouen, 62, St-Ouen-l'Aum.
GANIER, *comptable*, quai du Pothuis, 69.

Surveillance : PINCEBOURDE, *président*, rue
Haute-Aumône, 101, à Saint-Ouen-l'Aumône. —
BRAY (Joseph), NICOLLE (Anatole), *membres*.

PUSSAY-MÉRÉVILLE (366e section).

GENTY (Paul), *président*, à Pussay
POMMEREAU (Léonce), *trésorier*, à Pussay.
REBUFFÉ (Alfred), *comptable*, à Pussay.
MARIE (Albert), *secrétaire*, à Pussay.

RAMBOUILLET (50e section)

COLSON, *président*, place de l'Eglise.
SÉDILLOT, *vice-président*, rue Nationale 38.
BLANCHERY, *trésorier*, rue Nationale, 49.
LECOMTE, *trésorier adjoint*, rue Nationale, 23.
NOEL, *comptable*, rue d'Angivillier, 25.
GRASSET, *secrétaire*, rue de l'Ebat, 2.
COCHIN, *secrétaire adjoint*, rue Nationale, 48.
AUBERT, *archiviste*, rue Nationale, 55.

Surveillance : PIQUET, *président*, place du Gouvernement, 38. — FLESSELLE, MOREAU, POTELME, BLANCHETON, *membres*.

SAINT-CLOUD (261e section).

CARRETTE père, *président*, à la Mairie.
CROIX, *vice-président*, rue Royale, 23.
BALLET, *secrétaire*, place de l'Eglise, 1.
CARRETTE (Emile), *secrétaire adjoint*, à la Mairie.
BOURDON, *trésorier*, rue Royale, 16.
MALOT, *trésorier adjoint*, rue d'Orléans, 17.
LAGARDETTE, *comptable*, place de l'Eglise, 8.
MICHAS, *archiviste*, aux Ecoles communales.

Surveillance : CHARTIER, *président*, rue de la Paix, 4. — PELLETIER DE RUELLE, GOURRAIGNE, LEGUAY (Pierre), DUFILHO, *membres*.

St-GERMAIN-EN-LAYE (168e sect.).

ROGER DE NÉZOT, *président*, rue de Lorraine, 50.
DAMBRINE, *vice-président*, rue de Mantes, 4.
DIRIS, *secrétaire*, rue de Poissy, 87.
HÉRARD, *trésorier*, rue de Mareil, 50.
GUÉRET, *comptable*, rue de la Salle, 3.
VÉRAUX, *secrétaire adjoint*, rue d'Hennemont.
ROUX, *trésorier adjoint*, rue Saint-Pierre, 23.
DUVAL, *archiviste*, rue de Pologne, 76.

Surveillance : MONNIER, *président*, rue des Cochés, 17. — CHAUME, COURTHIEU, DROUET, HÉBERT père, *membres*.

SANNOIS (351e section).

BERNARD, *président*, rue d'Ermont.
ENFROY (Alphonse), *vice-président*, rue de la Folie.
BLANCHET, *trésorier*, rue Damiette.
BEAUJEAN, *trésorier adjoint*, rue de Paris.
PEGEAUD, *secrétaire*, rue de Paris.
RIOUT, *secrétaire adjoint*, rue Damiette.
ROUSSELET, *comptable*, rue de l'Eglise prolongée.
ROUSSELET (Mme), *archiviste*, r. de l'Eglise prolongée.
Surveillance : DUVAL, ENFROY (Alfred), EN-
FROY (Mme Alphonse), RIOUT (Mme), RAYIÉ,
membres.

SÈVRES (189e section).

THUILLIER, *président*, rue des Fontaines, 12.
COURATIER, *vice-président*, Grande-Rue, 105.
RICHE, *trésorier*, Grande-Rue, 73.
LANGLOIS, *trésorier adjoint*, rue Hérault, 1, à Meudon.
DELACOURCELLE, *comptable*, Grande-Rue, 44.
THIOLAT, *secrétaire*, rue Cournol, 27.
SEVIN, *secrétaire adjoint*, rue Constant-Foucault, 3.
PARIS, *archiviste*, rue Terre-Neuve, 9, à Meudon.
Surveillance : DEFACQZ, *président*, rue Terre-
Neuve, 9, à Meudon. — LECLERC, GRENIER, CHE-
VALIER (Désiré), PONCÉ, *membres*.

VERSAILLES (30e section).

DAX fils, *président*, rue de Jouvencel, 11.
COSTEAU, *vice-président*, boulevard de la Reine, 50.
LAGROUE, *comptable*, rue des Réservoirs, 12.
BESNIER, *comptable adjoint*, rue des Réservoirs, 12.
LEVRET (Charles), *trésorier*, rue Montbauron, 17.
ROLLOT, *trésorier adjoint*, rue Duplessis, 29.
PENSÉE, *secrétaire*, rue de la Paroisse, 65.
FARIGOLE, *secrétaire adjoint*, rue de la Paroisse, 79.
DELAISSE, *archiviste*, rue de Jouvencel, 4.
Surveillance : LAGNY, *président*, r. Richaud, 18.
— SELLIER, FOURNIER, BÉVALET, LEVRET (Fran-
çois), *membres*. LECHANTEUR, DEBASSEUX, *sup-
pléants*.

SEINE-INFÉRIEURE

LE HAVRE (33e section).

PORRÉE, *président*, quai d'Orléans, 17.
POULAIN, *vice-président*, rue des Gobelins, 3.

Fréret, *trésorier*, rue Saint-Julien, 6
Huet, *trésorier adjoint*, rue des Drapiers, 65.
Tible, *comptable*, rue Verte, 1.
Jamet, *secrétaire*, rue des Viviers, 2.
Guillot, *secrétaire adjoint*, rue du Canon, 34.
Adam, *archiviste*, rue Bougainville, 42.

Surveillance : Redon , *président*, rue Caroline, 22.—Le Marois, Berubé, Gérard, Portier, *membres.*

ROUEN (219ᵉ section).

Robert, *président*, rue de la Montée, 6.
Launay, *trésorier*, rue Adrien-Pasquier, 6.
Hervieu, *secrétaire*, boulevard d'Orléans, 2.
Leséne̋chal, *comptable*, rue de l'Avalasse, 33.

Surveillance: Gougis, *président*, rue Socrate, 2.
— Hélin (Léon), Férey (André), *membres.*

YVETOT (370ᵉ section).

Leblond, *président*, rue Saint-Louis.
Boinel, *secrétaire*, rue Bellenger, 66.
Jourdain, *comptable*, rue du Calvaire, 133.
Mieusement, *trésorier*, aux contributions indirectes.

DEUX-SÈVRES

CHAMPDENIERS (316ᵉ section).

Ricochon (Jean), *président*.
Mayeras (Louis-Henri), *vice-président*.
Imbert (Louis), *trésorier*.
Bonnet (François), *trésorier adjoint*, à Cours.
Bourgueil (Benjamin), *comptable*.
Rivollet (Pierre), *secrétaire*.
Turpin (Edmond-Gustave), *secrétaire adjoint*.
Leberthon (Raoul), *archiviste*.

Surveillance : Chaigneau (Marcel), *président*.
— Proust (Eugène-Jules), Bourgueil (Urbain), Pied (Louis-Eusèbe), Guerineau (Louis-Henri), *membres.*

NIORT (64ᵉ section).

Louvrier, *président*, rue de la Gare, 5.
Vabre, *vice-président*, avenue de Paris, 152.
Dahair, *secrétaire*, rue Saint-Jean, 59.
Angel, *secrétaire adjoint*, rue de Fontenay, 3.
Guillaume, *trésorier*, impasse Bel-Air.

VERGNON, *trésorier adjoint*, rue Saint-Jean, 54.
EMERY, *comptable*, place du Port, 1.
MARCHET, *archiviste*, rue Maintenon, 4.
Surveillance : MICHAUD, *président*, rue de la Terraudière. — BONIN, PAPOT, FAUCHER, BOUNIOT, *membres*.

SECONDIGNY (186e section).
DRILLAUD, *président*.
ALLARD, *vice-président*.
SENSÉBY, *secrétaire*.
CHARBONNEAU, *secrétaire adjoint*.
LARGEAU, *trésorier*.
CHARTIER, *trésorier adjoint*.
VERGNAULT, *comptable*.
SENSÉBY (Mme), *archiviste*.
Surveillance : DRILLAUD, *président*. — PÉJOUT, GAILLARD, MARTIN, GAUTHIER, *membres*.

SOMME

AMIENS (217e section).
MAUCLÈRE, *président*, rue de la Hotoie, 87.
LAMARRE, *vice-président*, passage des Cordeliers, 11.
BRIFFAUT, *trésorier*, rue des Réservoirs, 41.
BERNAUT, *trésorier adjoint*, rue Gresset, 1.
LECLERC, *comptable*, rue Deberly, 26.
SAINTES, *secrétaire*, chaussée Périgord, 70.
BOUTIN, *secrétaire adjoint*, rue des Corroyers, 59.
DUPUIS, *archiviste*, rue du Long-Rang, 19.
Surveillance : LEFEUVRE, COZETTE, TURBEN, MÉCRAIN, WOLFF, *membres*.

MOREUIL (363e section).
LASNE, *président*, rue du Santerre, 42.
CARLIER, *secrétaire*, rue de Compiègne, 22.
ORGIBERT, *trésorier*, rue de la Gare, 93.
PETIT, *comptable*, rue de la Gare, 93.

TARN

ALBI (353e section).
LARROCHE, *président*, place de l'Archevêché, 9.
ARNAL, *vice-président*, rue Saint-Martin.
GARRIGUES, *trésorier*, rue Bouscaillet, faub. Castelviel.

ASTIÉ, *trésorier adjoint*, Porte-Neuve, 27.
DURAND, *comptable*, rue des Cordeliers, 3.
PUECH, *secrétaire*, boulevard Villeneuve.
POIRIER, *secrétaire adjoint*, rue Salvan-de-Saliès.
BUGAREL, *archiviste*, foiral du Castelviel.

Surveillance : LERECLUS, *président*, rue des Cordeliers. — VAISSIÈRE (Albert), MAURAND (Paul), COMBES (Louis), ENJALBERT (Jules), *membres*.

CASTRES (295ᵉ section).

CAHUZAC, *vice-président*, place de l'Albinque.
GASC, *trésorier*, rue Brasserie, 5
PEYRE, *comptable*, rue des Boursiers, 14.
ROQUES, *secrétaire*, allée Corbière, 33.
SICARD, *assesseur*, rue du Consulat.
SALVAYRE, *assesseur*, rue Sœur-Audenet.
BRESSON, *assesseur*, place Soult.

Surveillance : HYACINTHE, *président*, rue Darenque. — MADAULE, BONNAMAS (Etienne), FOURNIER (Jules), SABATIER (Alfred), *membres*.

VAR

DRAGUIGNAN (369ᵉ section).

BLANCARD-MICHEL, *président*, rue du Collège, 13.
QUEYROT, *trésorier*, place du Marché.
REQUISTON, *comptable*, rue du Collège.
JOURDAN, *secrétaire*, rue du Collège.

VAUCLUSE

AVIGNON (374ᵉ section).

MÉNABÉ, *président*, rue Philouarde, 75.
MOREL, *secrétaire*, rue du Puits, 8.
BESSAC, *trésorier*, impasse Petit-Paradiès, 21.
VIGNAL, *comptable*, rue des Clés, 10.

Surveillance : HARDY, *président*, rue Carreterie, 33. — POUZOL (Henri), ODIER (Claudius), *membres*.

BOLLÈNE-MORNAS (306ᵉ section).

DUCROS, *président*, à Mornas.
TRIAT, *trésorier*, à Mornas.
FAVIER, *comptable*, à Mornas.
GERBAUD, *secrétaire*, à Mornas.

ORANGE-OUEST (310ᵉ section).

SAUVAGE (Marius), *président*, à Caderousse.
PERRIN (Albert), *trésorier*, à Caderousse.
MENU (Albert), *secrétaire*, à Caderousse.
LAZARD (Alexandre), *comptable*, à Caderousse.
VATON (Victor), à Caderousse.
COMBE (Noël), à Caderousse.
CHABROL (Alfred), à Caderousse.
DEYREN (Casimir), à Caderousse.

Surveillance : GORY (Adrien), LAPLACE (Bernard), MARCELLIN (Hyppolyte), ROUYET (Paul), BRUDON (Auguste), *membres*.

SORGUES (296ᵉ section).

ALLOT, *président*, quartier de l'Eglise.
BLANC, *vice-président*, quartier du Pont.
BERNARD, *secrétaire*, quartier de Gentilly.
LAMBERTI, *secrétaire adjoint*, quartier Saint-Marc.
GILLES, *trésorier*, quartier de la Ferraille.
CORRÉARD, *trésorier adjoint*, quartier de Saint-Marc.
COURTIEUX, *comptable*, avenue de la Gare.
OUVIER, *archiviste*, quartier de la Peyrarde.

Surveillance : TOURRE, *président*, route Nationale. — CHAZALON (Louis), THOURRON (Hipolyte), MAGNAN (Hipolyte), ROMAN (Pierre), *membres*.

VALRÉAS (277ᵉ section).

SEGOND (Julien), *président*.
GAUD (François), *trésorier*.
DURAND (Marius), *secrétaire-comptable*.
RIOUSSET (Jules), *trésorier adjoint*.

Surveillance : CHANDRON (Ernest), *président*. REY (Félix), REY (Camil e), *membres*.

VENDÉE

LUÇON (82ᵉ section).

PERROTIN, *président*, rue des Sables.
LECORDIER, *vice-président*, rue du Port.
CHATELLIER, *secrétaire*, rue de la Roche.
HIBRY, *secrétaire adjoint*, rue de Sainte-Gemme.
CHAUVEAU, *trésorier*, rue du Port.
BERRIAU, *trésorier adjoint*, place du Port.
MERCIER, *comptable*, rue du Port.
BOUTEILLER, *archiviste*, allée Saint-François.

Surveillance : SALÈS, *président*, rue du Port. — MÉTÉREAU, LEFEBVRE, CHARDONNEAU, MALAPLANCHE, *membres*.

LA ROCHE-SUR-YON (372° section).
GÉNOT, *président*.
BASTARD, *secrétaire*.
SENS, *trésorier*.
BLANCHARD, *comptable*.

VIENNE

CHATELLERAULT (61° section).
NOT, *président*, rue d'Antran, 50.
RIVIÈRE, *vice-président*, rue Bourbon, 58.
MIAULT, *secrétaire*, rue des Loges.
CHARENTON, *trésorier*, rue Bourbon.
CASSIN, *secrétaire adjoint*, rue des Mignons, 6.
LHÉRITIER, *comptable*, rue de la Croix-Rouge.
BERTRAND, *comptable adjoint*, rue Saint-Jean, 13.
CIRE, *archiviste*, rue Villevert, 2.

Surveillance : BOULET, *président*, rue de l'Abattoir, 15. — SCHNELL (Albert), EBEL, CHAUFOUR, FILLION (Olivier), *membres*.

CHAUVIGNY (164° section).
GUÉRIN (Georges), *président*.
ALAMICHELLE (Adrien), *vice-président*.
DESCOMBES (Léon), *secrétaire*.
CHAUMONT (Paul), *secrétaire adjoint*.
MÉTAYER (Léon), *trésorier*.
GUÉRIN (André), *trésorier adjoint*.
COURCY (Louis), *comptable*.
GUÉRIN (Mlle Claire), *archiviste*.

LEIGNÉ-St-GERVAIS-les-TROIS CLOCHERS (332° section).
FOUSSARD, *président*, rue du Coq, 4, à Châtellerault.
CHASSAGNE, *trésorier*, à Saint-Gervais.
BOISNARD (Olivier), *secrétaire*, à Saint-Gervais.
PRINÇAY, *archiviste*, à Saint-Gervais.
BARREAU, *comptable*, à Saint-Gervais.

LENCLOITRE (182° section).
MÉRÉ, *président*.
MARTIN, *vice-président*, à Saint-Genest.
LANGLOIS, *trésorier*.

ARNAULT, *trésorier adjoint.*
SIONNET, *comptable.*
BOUTRON, *secrétaire.*
BISSERY, *secrétaire adjoint.*
BROSSARD (E.), *archiviste.*
Surveillance : ADAM, *président.* — MIGNON, BROSSARD (Jules), SEIGNEURIOUX, PASQUINET (C.), *membres.*

POITIERS (48e section).

MAILLET, *président*, rue de la Celle, 13 bis.
LECOMTE, *vice-président*, rue de la Lamproie.
PUISAY, *trésorier*, rue de Penthièvre, 6.
MERCERON, *trésorier adjoint*, rue de la Celle, 13 bis.
BERTHÈS, *secrétaire*, rue Corne-de-Bouc, 34.
MAITRE (Jules), *secrétaire adj.*, r. des Balances-d'Or.
DION, *comptable*, rue du Puygarreau.
MERCERON (Mme), *archiviste*, rue de la Celle, 13 bis.
Surveillance : GACHET, BERGER, MORANGE, MAITRE (Auguste), GUYONNET, *membres.*

SAINT-GEORGES-DISSAIS (342e s.).

ARDILLAUX (Fernand), *président*, à Dissais.
RAYMOND, *vice-président*, à Dissais.
ORILLARD (Octave), *trésorier*, à Dissais.
COLLON (Alexis), *trésorier adjoint*, à Dissais
MAITRE (Jules), *secrétaire*, à Dissais.
PERRIN (Célestin), *secrétaire adjoint*, à Dissais.
JORIGNY (Louis), *comptable*, à Dissais.
RAYMOND (Mme), *archiviste*, à Dissais.
Surveillance : DESCHAMPS (Jean), *président*, à Dissais. — BOURGUIGNON (Louis), COLIN (Louis-Marie), BOURGUIGNON (Jean), LECLÈRE (Paul), *membres.*

HAUTE-VIENNE

EYMOUTIERS (232e section).

PATAUD (Léger), *président.*
PRADET (Abel), *trésorier.*
SÉNÈQUE (Auguste), *comptable.*
MAUMOT (Antoine), *secrétaire.*
LAVERGNE (Michel), *archiviste.*
Surveillance : DESMAISON (Alfred), *président.* — BESSETTE (Denis), GRAULOU (Edouard), *membres.*

LIMOGES (57ᵉ section).

BORDE, *président*, avenue de Turenne, 1.
DOMINIQUE, *vice-président*, faubourg Montmailler, 66.
FONT, *secrétaire*, rue Thérèse (maison Denis).
VERGNE, *comptable*, rue de l'Evêché.
MOULINARD, *comptable adjoint*, r. de Châteauroux, 16.
DENARDOU, *trésorier*, place du Poids-Public, 10.
BÉCHADE, *trésorier adjoint*, place Haute-Vienne.
BASTIER, *archiviste*, rue Clos-Lachatte, 24.

Surveillance : MALABOUT, fbg de Paris, 147.
— VARNOUX, DARTHOUT, FEIPPEL, GRENET, *membres.*

SAINT-JUNIEN (84ᵉ section).

GRANET, *président*, rue du Pont.
LANDREVIE, *vice-président*, rue du Pont-Levis.
DESSELAS, *comptable*, à Notre-Dame.
RAYNAUD, *trésorier*, rue de la Liberté.
BARRE, *trésorier adjoint*, rue Louis-Codet.
LABIOCHE, *secrétaire*, route de Limoges, 24.
CAZEAUBENEIX, *secrétaire adjoint*, rue Pont-Levis.
POURSAT, *archiviste*, rue de la Liberté.

Surveillance : DUMAS (Lucien), *président*. —
TARRADE, BOURDY, DUSSOUBZ, LABRUNIE, *membres.*

SAINT-LEONARD (334ᵉ section).

ROUCHAN (Jules), *président*, à Limoges.
SEIDENBINDER (Georges), *vice-président*.
TRAPINAUD (Léonard), *trésorier*.
BUREAU (Guillaume), *secrétaire*.
FAURIE (Jules-Edmond), *comptable*.
CATINAUD (Léonard), *archiviste*.

Surveillance : VIGNERON (Jules), *président*. —
PIATTE (Antoine), CIPAN (Léonard), *membres.*

SAINT-YRIEIX (273ᵉ section).

MAILLY (M.), *président*.
QUINSAC (Albert), *secrétaire*.
PAUZAT, *secrétaire adjoint*.
MAILLY (Maxime), *trésorier*.
DEFRANCE (Henri), *trésorier adjoint*.
BOISSAC (François), *comptable*.
MARTINAL (Albert), *comptable adjoint*.
GAILLARD (Aug.), *archiviste*.

Surveillance : MATHIEU (François), *président.*
— BEYHIR (Pierre), TIMBEAU (Jean), MAZAUDON
(Jean), NOUHANT (Aug.), *membres.*

VOSGES

ÉPINAL (359ᵉ section).

POTIN, *président*, quai des Bons-Enfants, 44.
VRANKIN, *trésorier*, au port d'Epinal.
MAILLARD, *comptable*, rue de Chantraine.
HOMEYER, *secrétaire*, rue Rualménil, 27.

GÉRARDMER (325ᵉ section).

DÉLON (J.-P.-Emile), *président.*
MARION (Jean-Baptiste), *trésorier.*
MULLER (Adolphe), *comptable.*
ETIENNE (Ch.-N.-Félix), *secrétaire.*

YONNE

ANCY-LE-FRANC (43ᵉ section).

LOUIS (Jules), *président.*
DEMON (Mᵐᵉ), *vice-présidente.*
DEMON, *secrétaire.*
TARNIER, *trésorier.*
VEUILLOT (Jules), *comptable*, à Cusy.
GAGIN (Joseph), *trésorier adjoint*
PILLET, *secrétaire adjoint*, à Bierry.
NUSBAUM, *archiviste.*

Surveillance : BAILLOT (Eugène), LABORDE
fils, LARGEOT, VINCENT fils, EUSTACHE, *membres.*

AUXERRE (200ᵉ section).

BERTHIER, *président*, rue Belle-Pierre, 10.
MILON, *vice-président*, rue Montbrun, 8.
UMILTA, *secrétaire*, rue du Quatre-Septembre, 3.
SAINT-ANDRÉ, *comptable*, passage Manifacier, 6.
GARNIER, *comptable adjoint*, rue de Paris.
GILLOT, *trésorier*, rue Thomas-Maure, 6.
LARUE, *trésorier adjoint*, rue Sous-Murs.

Surveillance : LANDRÉAU, *président*, rue de
la Marine, 6. — POTIN (Victor), RIMBERT (Alfred),
MARCHAIS, THOMAS, *membres.*

JOIGNY (226ᵉ section).

LIGNOT (Edmond), *président.*
CHAT (Apollon), *vice-président.*

VACQUIER (Etienne-Auguste), *secrétaire*.
FRANC (Camille-Marie-Auguste), *secrétaire adjoint*.
MASSÉ (Auguste), *trésorier*.
PORCHER (Pierre), *trésorier adjoint*.
PAGNIEZ (Eugène), *comptable*.
ANQUIN (Théodule), *archiviste*.

Surveillance : GAUTHEY (Victor), *président*.
— JUQUEL (Georges), GUILLOUT (Paul), KREMER (Charles), TESTARODE (Paul-Frédéric), *membres*.

ROGNY-BLÉNEAU (192e section).

GUILLY (Ch.-Auguste), *président*, à Rogny.
LEFÈVRE (Eugène), *secrétaire*, à Rogny.
LEMAIRE (Félix), *trésorier*, à Rogny.
TROUVAIN fils (Michel), *comptable*, à Rogny.
MARLANGE (Hippolyte), *archiviste*, à Rogny.

SAINT-FARGEAU-MÉZILLES (323e s.)

BBÉCHOT, *président*, à Mézilles.
ARRAULT, *vice-président*, aux Prouts.
CHOUX, *trésorier*, à Mézilles.
PINARD, *trésorier adjoint*, à Mézilles.
CHARBOIS, *comptable*, à Mézilles.
MÉRAT, *secrétaire*, à Mézilles.
DOIN, *secrétaire adjoint*, à Mézilles.
REBOULEAU, *archiviste*, à Mézilles.

Surveillance : GANNEAU, *président*, à Mézilles.
— GROSSIER, FORT, ALLARD, JALOUZOT, *membres*.

St-SAUVEUR-EN-PUISAYE (173e s.).

SADIER (Charles), *président*.
DELAVEAU (Auguste), *vice-président*.
PRÉAUDOT (Octave), *trésorier*.
MITAIS (Léon), *trésorier adjoint*.
FARINEAU (Alexandre), *comptable*.
CHOCAT (Achille), *secrétaire*.
FARINEAU (Robert), *secrétaire adjoint*.
CHOU (Albert), *archiviste*.

Surveillance : CHOCAT (Ernest), *président*. —
PEUPHELY (Jean), PROT (François), DUNAYET (Emile), TOUCHARD (Aristide), *membres*.

SENS (169e section).

CHAPRON (Jules), *président*, Grande-Rue, 88.
DUPORC, *vice-président*, rue du Puits-de-la-Chaine.

Fouché (Alex.), *trésorier*, rue Chamfeuillard, 14.
Perrault, *trésorier adjoint*, rue du Plat-d'Etain, 11.
Bertrand, *comptable*, ruelle du Tau, 7.
Guichard, *secrétaire*, rue du Faubourg-St-Didier, 13.
Lefort, *secrétaire adjoint*, rue Abélard, 21.
Ravin (Georges), *archiviste*, r. des Francs-Bourgeois.

Surveillance : Greslé, *président*, Clos-le-Roi, 18. — Fouché jeune (Mme), Motus (Louis-Désiré), Vuidot (Maurice), Bertauche (Marie-Auguste), *membres*.

LIEUX DE RECETTES

La recette a lieu **TOUS LES PREMIERS DIMANCHES DE CHAQUE MOIS,** *de dix heures à midi, aux adresses ci-dessous :*

PARIS

1er arrondissement.—R. Molière, 25 (m. Watblée).
Rue Turbigo, 5 (à la Cloche des Halles).
2e arr. — A la Mairie, rue de la Banque.
3e arr. — Rue de Bretagne, 37 (maison Gavelot).
4e arr. — A la Mairie, place Baudoyer.
5e arr. — A la Mairie, place du Panthéon.
6e arr. — A la Mairie, place Saint-Sulpice.
7e arr.—Avenue de La Bourdonnais, 43 (salle Eliot).
Rue de Lille, 41 (maison Barbier).
8e arr. — A la Mairie.
Rue Miromesnil, 48 (Bibliothèque populaire).
Rue Pierre-Charron, 53 (maison Drouet).
Rue de Saint-Pétersbourg, 15 (maison Méyer).
9e arr. — Rue Rochechouart, 45 (salle des *Prévoyants*).
10e arr. — Rue de Bondy, 15 (maison Bouet).
Faubourg Saint-Denis, 141 (maison Marigaux).
Rue du Faub.-St-Martin, 202 (maison Gousse).
Rue du Faubourg-du-Temple, 101 (maison Lairin).
11e arr. — A la Mairie.
Boulevard Voltaire, 132 (maison Verger).
Rue de Charonne, 1 (maison François).
Rue Oberkampf, 128 (maison Perreau).
Rue Oberkampf, 2 (maison Barriol).
12e arr. — A la Mairie.
13e arr. — Avenue des Gobelins, 53 (maison Legros).

14e orr. — A la Mairie. — Permanence pour les renseignements et adhésions : 11, rue Boulard (maison Dugas).

15e arr. — Rue du Théâtre, 103, siège de la 15e section.
Rue Lecourbe, 127 (Bibliothèque populaire).

16e arr. — A la Mairie.

17e arr. — A la Mairie, rue des Batignolles.

18e arr. — Boulevard Rochechouart, au coin de la rue Clignancourt (maison Ernst jeune).
Rue Ordener, 121 (maison Borgognon).
Rue Doudeauville, 25 (maison Boin).
Rue des Abbesses, 56 (maison Luriau).
Rue Muller, 36 (maison Even).

19e arr. — Rue d'Allemagne, 2 (maison Chalembel).
Rue de Flandre, 107 (maison Thil).
Rue Curial, 2 (maison Pecquet).
Rue Bolivar, 2 (maison Benoît).
Rue de Belleville, 337 (maison Barriole).
Avenue Laumière, 1 (maison Derondel).
R e de Flandre, 106 (maison Robinet).
Rue d'Aubervilliers, 98 (maison Perrin).

20e arr. — Rue Delaître, 9, siège de la 20e section.
Rue Ménilmontant, 2 (maison Pellerin).
Rue de Belleville, 48 (maison Michel).
Rue des Partants, 22 (maison Blie).
Place des Pyrénées, 9 (maison Devaux).
Rue des Pyrénées, 44 (maison Memier).
Place de la Réunion, 64 (maison Pellet).

BANLIEUE

Alfortville (Seine). — M. Mouteaux, rue Véron, 101.
Asnières (Seine). — Salle Marliot, r. de la Liberté, 1.
Aubervilliers (S.). — A la Mairie.
Bois-Colombes, Colombes et La Garenne (Seine). M. Maillard, rue des Bourguignons, 33, à Bois-Colombes.
Boulogne-sur-Seine. — A la Mairie (de 2 h. à 4 h.).
Charenton (Seine). — M. Bajarola, rue de Paris, 95.
Châtillon-Fontenay (Seine). — A la Mairie de Châtillon (de 2 h. à 4 h.).
Choisy-le-Roi (Seine). — A la Mairie (de 1 à 3 h.). — ORLY. — Salle des Ecoles. — FAIENCERIE de Choisy-le-Roi.
Clamart (Seine). — Place de la Mairie, 1, M. Menand.
Clichy (Seine). — A la Mairie.
Boulevard National, 24.
Courbevoie (Seine). — M. Lombard, r. de l'Industrie, 21.
Gennevilliers (Seine). — M. Habran, pl. de l'Eglise.
Gentilly (Seine). — Route de Fontainebleau, 52, M. Bordier fils. — Rue Frileuse, 79, M. Privat. — M. Gilbert, hospice de Bicêtre.

Ivry-Centre (Seine). — Rue de la Mairie, 8, chez M. Muller. — Breton, 98, rue du Parc.
— PETIT-IVRY. — M. Roussille, 10 *bis*, rue Barbès.
— IVRY-PORT — 6, route de Vitry, chez M. Andrieu.
Les Lilas (Seine). — M. Lecourt, rue de Paris, 63.
— M. Guyot, rue de Paris, 85.
— BAGNOLET. — M. Lefort, rue de Montreuil, 4.
Levallois-Perret (Seine). — A la Mairie.
Maisons-Alfort (Seine). — A la Mairie, de 2 h. à 4 h.
Malakoff (Seine). — M. Billard, 16, av. P.-Larousse.
— Maison des Ecoles.
Montreuil. — M. Tessier, rue Victor-Hugo, 54.
Montrouge (Seine). — M. Girardin, av. de la République.
Neuilly (Seine). — A la Mairie.
Neuilly-Plaisance. (S.-et-Oise). — Mme Gauthier.
Nogent-sur-Marne (Seine). — Grande-Rue, 101, café Rousseau.
Pantin-Centre (Seine). — Siège de la 32e section, rue de Paris, 48 (Maison Lefèvre). — Rue de Paris, 104 (Salle des Fêtes).
— PANTIN QUATRE-CHEMINS. — Rue du Chemin-Vert, 1 (maison Schon).
— LE PRÉ-SAINT-GERVAIS. — A la Mairie.
Saint-Denis (Seine). — Rue de la Charronnerie, 23 (Gymnase communal).
Saint-Ouen (Seine). — Avenue des Batignolles, 63 (maison Grelle).
Sceaux (Seine). — Nouvelle Mairie.
Suresnes-Puteaux (Seine). — M. Baux, quai de Suresnes, 59, à Suresnes.
Vanves (Seine). — Au siège de la 113e section, rue de la Mairie, 53 (châlet de la Gare). — A la Mairie. (de 2 h. à 4 h.).
— ISSY (Seine). — M. Dahlem, 5, boulevard du Lycée.
Vincennes (Seine). — Rue de Paris, 30 (M^on Moris).
— SAINT-MANDÉ (26e). — M. Meyer, Grande-Rue-de-la-République, 62.

DÉPARTEMENTS

Aiguillon (L.-et-Gar.). — M. Paul Bragayrac, r. Thiers.
Albi (Tarn). — A la Mairie.
Alençon (Orne). — A la Mairie.
Alger (Algérie). — M. Leroy-Garriau, rue Saint-Augustin, 1. — M. Grenier, rue Joinville, 5.
— M. Robert, caserne Chanzy (ancien Chereddin).
— M. Maurel, rue Henri-Martin, 15.
— SAINT-EUGÈNE. — M. Keil, café de la Petite-Bourse, route Malakoff.
Amboise (Indre-et-Loire). — A la Justice de paix (dernier dimanche de chaque mois, de 2 à 4 h.).

— CHÉDIGNY (27e) : à la Mairie. — MM. Ferraud et Hurtault.

— CORMÉRY (27e) : M. Goupy-Blanchet.

— NAZELLES (27e) : à la Mairie. — MM. Leduc et Vincendeau.

— SAINT-RÈGLE (27e) : à la Mairie. — MM. Morin, Lambert.

Amiens (Somme).—M. Mauclère, rue de la Hotoie, 87.

Amplepuis (Rhône).—M. Clairet, place de l'Église.

Ancy-le-Franc (Yonne).—A la Mairie (de midi à 2 h.)

— BIERRY-LES-BELLES-FONTAINES : à la Mairie (de midi à 2 h.).

Angers (Maine-et-Loire). — Rue de la Roë, 35 (Société Sainte-Cécile).

Angoulême (Char.).—M. Dupont, r. des Bézines, 25.

Annonay (Ardèche). — A la Mairie.

Anost (S.-et-Loire) — A la Mairie (de 3 h. à 4 h.).

Aramon (Gard). — M. Hugues.

Arc-en-Barrois (Haute-Marne). — M. Vautrin, rue de la Bonde, 16.

Argenteuil (S.-et-O.). — M. Collas, rue de Pontoise, 8.

Argelès-sur-Mer (Pyr.-Orientales). — A la Mairie (de 1 h. à 3 h.).

Argenton-sur-Creuse (Indre). — Café de la Promenade, place d'Armes.

Armentières (Nord). — Rue Notre-Dame.

Arpajon (S.-et-Oise). — M. Beiteux, à Montlhéry.

Aubin (Aveyron). — A la Mairie.

Auch (Gers). — M. Gatien Marsan, place Villaret-Joyeuse.

Aurillac (Cantal). — A la Mairie.

Authon-la-Plaine (Seine-et-Oise). — M. Gau.

Auxerre (Yonne). — A la Mairie (de 1 h. à 3 h.).

Avignon (Vaucluse). — Brasserie du Siècle, place des Carmes, 2.

Bages (Aude).—M. Augé.

Ballon (Sarthe). — M. Boulay, rue Château-Nocher.

Baillargues (Hérault). — A la Mairie.

Bastide (La) (Gironde). — Av. Thiers, 36 (de 2 à 6 h.), et tous les jeudis, de 8 h. 1/2 à 11 h.

Baugé (Maine-et-Loire). — M. L. Chevalier, rue Marchande, 25.

— MOULIHERNE. — M. Audouy.

Bayonne (Basses-Pyrénées). — (de 2 h. à 4 h.). Grand-Bayonne : A la Mairie. — Petit-Bayonne : Au restaurant Fringuet, quai Chao. — Saint-Esprit : M. Samson, rue Sainte-Catherine.

Beaugency (Loiret). — A la Mairie (de 2 h. à 4 h.).

Beaulieu (Corrèze). — A la Mairie (de 1 h. à 3 h.).

Beaumont-sur-Sarthe (Sarthe). — M. Joubert.

Beauvais (Oise).—M. Labitte, rue Saint-Sauveur, 1.
Berrouaghia (Alger). — M. Conte, rue de l'Eglise.
— M. Côti, à la Smala.
Bessé-sur-Braye (Sarthe). — A la Mairie.
Bessèges (Gard). — Rue Veau-de-Robiac, maison veuve Bertrand.
Béziers (Hérault).— Rue Solférino, 5, M. Clément.
Biarritz (Basses-Pyrénées). — A la Mairie.
Blanc-Seau-Tourcoing (Nord). — Rue de Mouveaux, 107.
Blanzy (Saône-et-Loire). — A la Mairie (de 2 à 4 h.)
Bléré (Indre-et-Loire). — M. S. Serreau.
Blois (Loir-et-Cher). — A la Mairie.
Boën sur-Lignon (Loire). — A l'Hôtel de Ville.
Boiscommun (Loiret).—A la Mairie (de 2 h. à 4 h.).
Bollène (Vaucluse). — Ecole communale de garçons, à Mornas.
Bonny (Loiret). — A la Mairie (de 2 à 4 h.).
Bordeaux (Gir.). — Rue Lafaurie de Monbadon (de 2 h. 1/2 à 6 h.), et tous les mercredis, de 8 h. 1/2 à 11 h. du soir.
— LE TEICH. — A la Mairie.
Bornel (Oise). — A la Mairie, de midi à 2 h.
— PUISEUX-LE-HAUTBERGER. — M. Saas.
Bouloire (Sarthe). —M. Touchard (de midi à 2 h.).
Boulogne-sur-Mer (Pas-de-Calais). — Rez-de-chaussée de la Halle aux poissons.
Boulou (Le) (Pyrénées-Orientales). — M. Abbiard.
Bourg (Ain).—M. Chervin, place Edgard-Quinet, 16.
Bourg-de-Péage (Drôme). — A la Mairie.
Bourges (Cher). — A l'Hôtel de Ville.
— MENETOU-SALON (51e). — M. Champault.
Bram (Aude). — MM. Firmin Lacroix et Simon Rataboull.
Braux (Ardennes). — Salle des pompiers.
Buxy (Saône-et-Loire). — Salle de l'Ecole des garçons (de 2 à 4 h.).
— JULLY. — M. Lagrue (de 4 à 6 h.).
— BISSEY. — M. Davanture-Borey.
— MONTAGNY-LES-BUXY. — M. Lagrange.
— SAINT-VALLERIN. — M. Givry.
— CHENOVES. — M. Larèpe.
Caderousse (Vaucluse). — Café Boissel.
Calais (Pas-de-Calais). — A la Mairie.
Capdenac (Aveyron). — Salle Moulinou.
Carcassonne (Aude). — Usine Betts, à l'Ile.
Castelnau-Magnoac (Htes-Pyr.).—M. Saint-Paul.
Castres (Tarn). — A la Mairie.
Céret (Pyr.-Orient.). — A la Mairie (de 3 h. à 5 h.).
Cerny (Seine-et-Oise). — A la Mairie.

Céton (Orne). — A la Mairie.
Cette (Hérault). — Rue Hôtel-de-Vi le.
Chagny (Saône-et-Loire). — M. Rozet, rue de
Beaune, 2.
Chalon (Saône-et-Loire). — A la Mairie.
Chambéry (Savoie).—M. Ely Henrie, rue Stè-Barbe.
— LA GRENETTE, salle des Sociétés.
Chambon-Feugerolles (Le) (Loire).—A la Mairie.
Champdeniers (Deux-Sèvres). — Justice de paix.
Chardonnay (Saône-et-Loire). — M. Nuzillat.
— UCHIZY. — M. Baconnet.
— CHAMPVENT. — M. Moreau.
Charlieu (Loire). M. Barnay.
— POUILLY-S.-CHARLIEU. — M. Dallaigre.
— BRIENNON. — Mlle Berger.
— SAINT-DENIS. — Mlle Auboyet.
La Chartre-sur-Loir (Sarthe). — M. Tafforeau,
place de la Halle.
Chartres (Eure-et-Loir). — A la Mairie.
Chasse-Givors (Isère-Rhône). — A l'hôtel de ville
de Givors (Rhône), M. Chappuy.
— LA FREYDIÈRE (Givors). — M. Burillon.
— PETIT-CHASSE (Isère). — M. Meillon.
— TERNAY-CHASSE. — M. Thivolet.
Château-Landon (Seine-et-Marne). — Hôtel de
l'Etoile-d'Or, place Belfort.
Châteaurenault (Indre-et-Loire). — Foyer du
Théâtre.
Châteauroux (Ind.).—M.Gaillot, r.Ledru-Rollin, 35.
Châtellerault (Vienne).—A la Mairie (de 1 h. à 3 h.).
Chatillon-sur-Loing (Loiret). — A la Mairie (de
2 h. à 4 h.).
Chatillon-sur-Chalaronne (Ain). — A la Mairie.
Chaumont (Hte-Marne).—Rue de Châteauvillain, 10.
Chauvigny (Vienne). — Maison d'Ecole, salle des
garçons.
Chelles (S.-et-M.). — M. Mathieu, 6, r. St-Georges.
Chénérailles (Creuse).—A la Mairie (de 1 h. à 3 h.).
Cherbourg (Manche). — A la Mairie.— M. Nordez,
38, rue de Sennecey.
— OCTEVILLE. — M. Blaizot, Grande-Route.
Chevillon (Haute-Marne).—Bureaux des usines de
Rachecourt.
Chinon (Indre-et-Loire). — A la Mairie.
La Clayette (Saône-et-Loire). — M. Dubois.
— LA CHAPELLE, — M. Chachuat.
— SAINT-KACHS. — M. Chemarin.
— VAREILLES. — M. Thevenet.
Clermont-Ferrand (Puy-de-Dôme). — Hôtel de
Ville (de 1 h. à 3 h.).
rier, rue Massillon, 4.

Clermont-de-l'Oise (Oise). — M. Daix.

Clermont-l'Hérault (Hérault). — Café Vigourel.

Cloyes (Eure-et-Loir). — Café du Nord (de 2 h. à 4 h.).

Cluny (Saône-et-Loire). — Hôtel de Ville.

— VAUX-JALOGNY. — M. Durousset.

— CORTAMBERT. — M. Gelin.

— BUFFIÈRES. — M. Magne.

Collioure (Pyrénées-Orientales). — A la Mairie.

Compiègne (Oise).—M. Aconin, rue St-Nicolas, 21.

Cormatin (Saône-et-Loire). — Mmes Chachuat, Rousselot et Bourgeoin.

— BLANOT. — M. Philibert Talmard.

— BRAY. — M. Lécher.

— CHISSEY. — MM. Vanot et Lafond.

— CHAPAIZE. — M. Claude Talmard.

— SAVIGNY. — M. Brusson.

— BRESSE. — M. Lebeau-Lamain.

— LA CHAPELLE-SOUS-BRANCION. — M. Boisson.

Couches-les-Mines (Saône-et-Loire).—M. Duhesme, rue Saint-Nicolas.

— CREOT (166e). — M. Lazare-Duhesme.

Coulommiers (Seine-et-Marne). — M. Houdet.

Courtenay (Loiret). — Café du Commerce

Creil (Oise). — A la Mairie (de 1 à 3 h.).

— NOGENT-L.-VIERGES.—M. Tardif, r. de Bonvilliers.

— MONTATAIRE.— Place du Marché (maison Poirée).

Crêches (Saône-et-Loire). — Poste des pompiers.

Créon (Gironde). — M. Gouilleau.

Crépy-en-Valois (Oise).—A la Mairie d'Eméville.

Le Creuzot (Saône-et-L.). — M. H. Blot, r. Chalon, 29.

Cuise-la-Motte (Oise). — MM. Lagand et Chedhomme.

— LA MOTTE. — Mlle Blanchard.

— TROSLY-BREUIL. — M. Ducollet.

Cuisery (Saône-et-Loire). — A la Mairie.

Cusset (Allier). — M. Boucherand, r. des Capucines.

Cuiseaux-Condal (Saône-et-Loire). — A la Mairie de Condal.

Davayé (Saône-et-Loire). — M. Maillet.

— BUSSIÈRES. — M. Paissaud.

— VERGESSON. — Mme Sevelinge.

Denain (Nord). — M. Facon, rue de Villars, 31. — M. Bertrand, place Gambetta. 13.

Déols (Indre). — M. Simonet, route de Paris.

Dijon (Côte-d'Or). — M. Niquet, boul. Voltaire, 22.

Dompierre-les-Ormes (Saône-et-L.).—A la Mairie.

Dourdan-Nord (S.-et-O.)—A la Mairie (de 2 h. à 4 h.)

Dourdan-Sud (Seine-et-Oise). — M. Camescasse, à Saint-Arnault.

Draguignan (Var). —M. Blancard-Michel, rue du Collège, 13.

Dunkerque (Nord). — Rue de la Citadelle, 1.
Dreux (Eure-et-Loir).—M. Bajot, r. aux Tanneurs, 18.
Eméville (Oise). — A la Mairie.
Epinal (Vosges).—M. Potin, quai des Bons-Enfants, 47
Espéraza (Aude). — Maison Basset.
Equeurdreville (Manche). — A la Mairie.
Essonnes (S.-O.). — Café du Centre. — Salon des Muses.
— MOULIN-GALANT. — M. Feuillâtre.
— CORBEIL. — M. Pâris, rue du Charbon-Blanc, 2.
— PAPETERIE. — M. Auprince, rue de la Papeterie.
Evreux (Eure). — A l'Hôtel-de-Ville.
Eymoutiers (Haute-Vienne). — Café National.
Fangeaux (Aude). — MM. Firmin Lacroix et Simon Ratabouil, à Bram.
Ferrières (Loiret). — A la Mairie (de 4 h. à 5 h.).
La Ferté-Alais (Seine-et-Oise). — A la Mairie de Cerny.
La Ferté-Bernard (Sarthe). — Mlles Elisa Pijeard et Béatrice Gareau.
La Ferté-Gaucher (Seine-et-M.). — M. Clerget.
La Ferté-St-Aubin (Loiret).—M. Soyer, G^e-Rue, 16.
La Ferté-sous-Jouarre (Seine-et-Marne).— Place de l'Hôtel-de-Ville (de 3 à 5 heures), M. Freulon.
Firminy (Loire). — A la Mairie.
Foix (Ariège). — Au Collège (Biblioth. populaire).
Fourchambault (Nièvre). — A la Mairie (de 1 h. à 3 h.).
Genélard (Saône-et-Loire). — A la Mairie.
Gérardmer (Vosges). — A l'Hôtel de Ville.
Glen (Loiret).—A la Mairie.
Gisors (Eure). — Rue du Fossé-aux-Tanneurs, 25, chez M. Maréchal (de 1 h. à 3 h.).
Givry (Saône-et-Loire). — M. Barbey.
Le Grand-Lucé (Sarthe).—A la Mairie (de 3 à 5 h.)
Gray (Haute-Saône). — Rue de l'Abattoir.
Grenoble (Isère). — Place de la Halle, salle des Conférences (tous les dimanches).
Le Havre (Seine-Inf.) — Passage Bernardin-de-St-Pierre (siège de la Caisse typographique du Havre). Rue Ferdinand, 26, chez M. Porrée père.—M. Lemaître, cité Desgenetais, rue de l'Alma, 27.
Hendaye (Basses-Pyrénées). — M. J. Pardo.
Henrichemont (Cher). — M. Morillon.
Igé (S.-et-Loire). — A la Mairie.
Ile-de-Ré (Char.-Inf.).—A la mairie de LA FLOTTE — A la mairie de TOIX.
Issoire (Puy-de-Dôme). — A la Mairie (de 2 h. à 3 h.).
Issoudun (Indre). — Rue Montélimart (café du Helder).
Jargeau (Loiret). — M. Poignard-Héau.

Joigny (Yonne). — A la Mairie (de midi à 2 h.).
Jouy-sur-Morin (Seine-et-Marne). — M. Cloud.
— CHAMPGOULIN. — M. Paul Dessormes.
Lagnieu (Ain) — A la Mairie de Leyment.
Lagny (Seine-et-Marne). — Justice de paix (de 1 h. à 3 h.).
— MONTÉVRAIN (69e).—M. Boulanger-Rosade.
Langoiran (Gironde). — M. Henri.
— PAILLET. — A la Mairie.
Laroque-des-Albères (Pyr.-Or.). — A la Mairie.
Laval (Mayenne). — M. Ferré.
Lavelanet (Ariège). — Bureau central de l'octroi.
Leigné-Saint-Gervais-les-Trois-Clochers (Vienne). — M. Lucas, à Saint-Gervais-les-Trois-Clochers.
Lencloître (Vienne).—Salle de la Justice de Paix.
Leyment (Ain). — A la Mairie.
Liancourt (Oise). — A la Mairie (de 10 h. à 1 h.).
Libourne (Gironde).—Salle de l'Athénée, r. St-Julien.
Lille (Nord). — Siège de la 100e section, rue du Barbier-Maës. — M. Descarpentries, 38, rue Boucher-de-Perthes. — M. Raux, 40 *bis*, rue Royale.
— ESQUERMES.—M. Vancraynest, 158. r. d'Esquermes.
— MOULINS. — Mlle Lantoine (V.), 21, r. de Bordeaux.
— WAZEMMES. — Pavillon de la Cité philanthropique, rue Barthélemy-Delespaul.
— LILLE-NORD-EST (100e). — M. Gallo, 63, rue des Processions, usine à gaz de FIVES-LILLE. — M. Verlé, à HELLERMES, usine à gaz. — M. Demarchelier, 35, rue du Pont-du-Lion-d'Or, à SAINT-MAURICE-LILLE.
— LILLE-SUD-EST (100e). — M. Devendeville, rue Léon-Gambetta, à LEZENNES.
— LA MADELEINE-LES-LILLE. — M. Boutten, rue de Lille, 87 *bis*.
Limoges (Haute-Vienne). — Ecole de la Monnaie, rue Neuve-Sainte-Valérie.
Lisieux (Calvados). — 7, r. St-Dominique, M. Pascal Cogny.
Lizy-sur-Ourcq (Seine-et-Marne). — A la Mairie.
Loches (Indre-et-Loire). — M. Coulon (de 1 h. à 3 h.).
Lodève (Hérault). — Boul. du Quai. M. Brunet.
Loos-les-Lille (Nord).—M. Barbais, à l'usine à gaz.
Lucenay-l'Evêque (Saône-et-Loire). — A la Mairie d'Anost (de 3 h. à 4 h.).
Luçon (Vendée). — Salle de la Justice de paix.
Lugny (Saône-et-Loire). — A la Mairie.
— CLESSÉ — A la Mairie (de 1 h. à 3 h.).
Lyon (Rhône). — Siège social de la 21e section. Permanence tous les dimanches, de 9 heures à 11 heures du matin, 19, rue Confort (maison Chanel).

— Rue de la République, 73, M. Laurent. — Place Perrache, 15, café Barthélemy.

Lyon (Rhône). — Siège de la 236e section : place des Terreaux, 9, maison Martin.

Lyon (Rhône). — Siège de la 237e section : Brasserie Corompt, cours Gambetta. — Mairie du IIIe arrond.

Lyon (Rhône).—Mairie de la Croix-Rousse.—Siège de la 238e sectioon, r. du Sentier, 13, M. Destephany.

Lyon (Rhône). — Siège de la 239e section : rue du Petit-Collège, 2. — Place de la Pyramide, café Deschet. — Place Saint-Alexandre, café Cerutty.

Lyon (Rhône). — Siège de la 340e section : quai des Brotteaux, 11, M. Béna. — Mairie du IVe arrondissement.

Mâcon (Saône-et-Loire). — MM. Guérin, rue Joséphine, 57.— Oremancey, rue Municipale, 35.—Hugonot, rue Joséphine, 12.

Mans (Le) (Sarthe). — Crypte de l'Ecole mutuelle Fossés-Saint-Pierre (de 9 à 11 h.).

Marly-le Roi (Seine-et-O.). — Ed. Charrier, à Villepreux.

Marquette-les-Lille (Nord). — Croix de l'Abbaye.

Marseille (B.-du-Rh.). — M. Aubert, rue de la République, 96. — M. Chrestien, cours Belzunce, 35.

Massiac (Cantal). — M. Chalvet.

Matour (Saône-et-Loire). — A la Mairie.

Meaux (S.-et-Marne). — Salle de la Justice de paix.

Méhun-sur-Yèvre (Cher). — A la Mairie (de 9 h. à 10 h. 1/2).

— ALLOGNY (150e). — A la Mairie.

Mer (Loir-et-Cher). — A la Mairie.

Méréville (Seine-et-Oise). — M. Léonce Pommereau, à Pussay.

Meximieux (Ain). — A la Mairie.

Meymac (Corrèze). — A la Mairie (de 1 h. à 3 h.).

Meyssac (Corrèze). — A la Mairie.

Mézilles (Yonne). — A la Mairie (de 1 h. à 3 h.).

Millau (Aveyron). — Hôtel de Ville.

Montargis (Loiret).—A l'Hôtel de Ville (de 1 à 3 h.).

Montceau-les-Mines (Saône-et-Loire).—M. Martin, rue Centrale.

Montchanin-les-Mines. (S.-et-Loire). — A l'Ecole communale (de 1 h. à 3 h.).

— SAINT-JULIEN (60e). — M. Fauconnet.

— MONTCHANIN-LE-HAUT (60e). — M. Jean-Marie Jeandreau.

— ECUISSE (60e).—M. Boulinet (de 1 à 3 h., le 2e dim.).

Monthermé (Ardennes). — M. Biston, à Braux.

Montlhéry (Seine-et-Oise). — M. Boiteux.

Montlignon (Seine-et-Oise). — M. Mandar.

Montluçon (Allier). — Hôtel de Ville.

Montmorency (S.-et-Oise).—M. Mandar, Montlignon.
— ANDILLY. — A la Mairie.
Montpellier (Hérault). — Brasserie du Lion-d'Or,
faubourg de Lattes.
Montoir-de-Bretagne (Loire-Inférieure). — Aux
Forges de Trignac.
Montoire (Loir-et-Cher). — M. Pichot.
Montréal (Ain). — A la Mairie.
Montrevel (Ain). — Salle des Garçons.
— SAINT-Didier. — A la Mairie.
Moreuil (Somme). — A la Mairie.
Mornant (Rhône). — Au Café comptoir.
Mornas (Vaucluse).—Ecole communale des garçons.
Mouveaux (Nord). — A la Mairie.
La Mure (Isère). —M. Reynier.
Mustapha (Alger). —M. Baux, 46, rue Michelet.
Nancy (M.-et-Moselle). — 20, rue Saint-Nicolas. —
M. Maubert.
Nantes (Loire-Infér.).—Ecole communale, rue Chêne-
d'Aron (les premiers lundis de 8 h. à 10 h. du soir).
Nanton (Saône-et-Loire).—A la Mairie (de 1 h. à 3 h.)
— LA CHAPELLE-DE-BROGNY. — M. Berthier.
Nantua (Ain). — A la Mairie de Montréal.
Narbonne (Aude). — M. Augé, à Bages.
Nersac (Charente). —Maison Caute, à Pombreton.
Nevers (Nièvre). — A la Mairie (de 1 h. à 3 h.)
Nimes (Gard). — M. Emile Baissac, square de la
Couronne, 1.
Niort (Deux-Sèvres). — A la Mairie (de 1 h. à 3 h.).
Nogent-le-Rotrou (Eure-et-Loir). — Hôtel de
Ville (de 2 h. à 4 h.).
Onnaing (Nord).—Place du Quesnoy, chez M. Dautel.
— QUAROUBLE. — M. Aug. Mascart.
Orléans (Loiret). — Rue de la Cerche, 8 (Biblio-
thèque populaire).
Orange-Ouest (Vaucluse). — Café Boissel, à Ca-
derousse.
Ourouer-les-Bourdelins (Cher). — Mme Durand-
Auger (de 1 h. à 4 h.).
Oyonnax (Ain). — M. Jantet.
Pau (Basses-Pyrénées). — Halle Neuve (salle 6).
Penchard (Seine-et-Marne). — M. Edouard Mavré.
— NEUFMONTIER (76e). — M. Mercier.
Perpignan (Pyr.-Orientales). — A la Mairie.
— EPIRA-DE-L'AGLI (178e). — A la Mairie.
— ILLE-SUR-TET. — M. Romenach.
Persan (S.-et-Oise). — A la Mairie.
— CHAMBLY : à la Mairie.
— CHAMPAGNE : à la Mairie.
— MESNIL : M. Brébant.
— BEAUMONT (40e). — A la Mairie.

Pierrefonds-les-Bains (Oise). — A la Mairie (de
2 h. à 4 h.).
— CHELLES. — A la Mairie.
Pithiviers (Loiret). — A la Mairie.
Poitiers (Vienne). — A l'Hôtel de Ville (salle d'at-
tente), de 1 h. à 3 h.
Pomard (Côte-d'Or).—M. Thevenin (de 2 h. à 4 h.).
Pont-Audemer (Eure). — M. Jules St-Gry, rue
Gambetta.
Pont-de-Gennes (Sarthe). — A la Mairie, salle de
musique (de 1 à 3 heures).
Pontoise (Seine-et-Oise). — A la Mairie.
— SAINT-OUEN-L'AUMONE. — A la Mairie.
— AUVERS-SUR-OISE. — M. Eug. Lefebvre.
Pont-Saint-Esprit (Gard). — A la Mairie.
Portel (Le) (Pa -de-Calais). — A la Mairie.
Port-Vendres (Pyrénées-Orient.). — A la Mairie.
Pussay (Seine-et-Oise). — M. Léonce Pommereau.
Quillan (Aude). — Maison Basset, à Espéraza.
Rachecourt (Haute-Marne).—Bureaux des usines.
Rambouillet (Seine-et-Oise). — A la Mairie.
— ROCHEFORT (50e). — Hôtel St-Pierre.
Reims (Marne).—Rue des Ecoles, 5 (Ecole comm.).
Rennes (Ille-et-Vilaine).—M. Borel, rue de Paris, 22.
Reuilly (Indre). — A la Mairie.
Riom (Puy-de-Dôme). — Au Théâtre
Rive-de-Gier (Loire).— A l'Hôtel de Ville (dernier
dimanche).
— LORETTE. — Café Goujon, salle de la Joyeuse.
— SAINT-GENIS-TERRENOIRE. — A la Mairie.
— CHAGNON. — Café Cognet.
— CELLIER — Café Joanès Cognet.
Roanne (Loire). — Faubourg Mulsaut, — faub. de
Paris, — quai des Bassins : de 9 h. à 11 heures.
Rochefort-sur-Mer (Char.-Inf.). — A la Mairie. —
Ecole des filles, au faubourg (de 8 h. à 9 h. 1/2).
La Roche-sur-Yon (Vendée). — Salle de la Jus-
tice de paix.
Rodez (Aveyron). — Salle de musique, r. du Passet.
Rogny (Yonne). — Ecole maternelle, de midi à 2 h.
Romans (Drôme). — Salle de la Justice de paix.
Romenay (Saône-et-Loire). — Ecole des garçons.
Roquemaure (Gard). — Maison Emieux.
Roubaix (Nord).— Café du Globe, 84, Grande-Rue.
— M. Florin, 123, rue d'Alma. — M. Catrice, rue
Pierre-de-Roubaix, 50.
— FLERS. — Au Pont du Breucq.
Rouen (Seine-I.).—Place de la Haute-Vieille-Tour.
(Ecole d'assistance aux malades.)
St-Amand (Cher). — Salle de la Justice de paix (de
2 h. à 4 h.).

St-André-de-Valborgne (Gard). — A la Mairie (de 2 h. à 4 h.).

Saint-Affrique (Aveyron). — M. Cluzel.

Saint-Arnoult (Seine-et-Oise). — M. Camescasse.

Saint-Bérain-sur-Dheune (Saône-et-Loire). — M. Jean Roux.

Saint-Clar (Gers). — M. Barbé, à Tournecoupe.

Saint-Cloud (Seine-et-Oise). — A la Mairie.

— GARCHES (261e). — A la Mairie.

St-Cyr-sur-Morin (S.-et-M). — M. Lot (de 1 h. à 2 h.)

— BIERCY. — M. Courtier (de 1 h. à 2 h.).

— LES MONTGAINS. — M. Yvonnet.

Saint-Désert (Saône-et-Loire). — M. Limonier.

Saint-Etienne (Loire). — Siège de la 55e section, 9, rue de la Loire. — Cercle des Tisseurs, 8, rue de la Comédie. — Au café Perruchon, place Roannelle. — Au café Saunier, place Montaud. — Chez M. Fillion, 65, rue et place Saint-Roch.

Saint-Etienne-Est (Loire) (118e). — Place Fourneyron (café Dupin).

Saint-Etienne-Nord (Loire) (119e). — Café Rey, à La Doi.

— LA FOUILLOUSE (119e). — A la Mairie.

— VILLARS (119e). — Salle de la Musique.

Saint-Etienne-Ouest (Loire) (120e). — Café Angénient, faubourg de Côte-Chaude.

Saint-Etienne-Sud-Ouest (Loire) (134e). — Café Olivier, place Bellevue.

Saint-Fargeau (Yonne). — A la Mairie de Mézilles (de 1 h. à 3 h.).

Saint-Florent-sur-Cher (Cher). — A la Mairie.

— ROSIÈRES. — M. Duvivier.

Saint-Gengoux-le-National (Saône-et-Loire). — M. Daloz.

Saint-Georges-Dissais (Vienne). — Café de la Paix, à Dissais.

Saint-Germain-du-Plain (Saône-et-Loire.) — M. Remandet.

Saint-Germain-en-Laye (S.-et-O.). — Salle des Arts, rue de la République, 3.

Saint-Jean-du-Gard (Gard). — Place de l'Esplanade, salle des Prévoyants de l'Avenir.

Saint-Jean-de-Luz (B.-Pyrénées). — A la Mairie.

Saint-Junien (Haute-Vienne). — Place Duffucat. maison Soury.

Saint-Just-en-Chevalet (Loire). — M. Bigouret.

St-Laurent-de-la-Salanque (P.-O.). — A la Mairie.

— CLAIRA. — A la Mairie.

Saint-Léonard (Haute-Vienne). — M. Bureau.

— SAINT-EPAIN (132e). — M. Saunier.

Saint-Pons (Hérault). — A la Mairie.

Saint-Quentin (Aisne). — Fervaques, asile comn.

Saint-Quentin-la-Poterie (Gard). — A la Mairie.

St-Rambert-sur-Loire (Loire). — A la Mairie.

Saint-Sauveur-en-Puisaye (Yonne). — Salle de la Justice de Paix.

Saint-Soupplets (Seine-et-Marne). — Rue des Panoufles (maison Godron).

Saint-Vallier (Drôme). — Hôtel Buissonnet. — Café Legrand.

— PONSAS. — M. Prosper Robin.

Saint-Yrieix (Haute-Vienne). — A la Mairie.

Sainte-Foy (Gironde). — Librairie Roquemaure.

Sainte-Maure (Indre-et-L.), — A la Mairie (de 3 à 5 h.).

— SAINT-ÉPAIN. — M. Saunier.

— MAILLÉ. — A la Mairie.

— SEPMES. — M. Péan.

Saintes (Charente-Inférieure). — A la Mairie.

Sancoins (Cher). — Justice de paix (de 2 à 3 h.)

Sannois (Seine-et-Oise). — Café de la Paix, rue Damiette, 17.

Sauveterre (Gard). — A la Mairie.

Sauxillanges (Puy-de-Dôme). — A la Mairie.

Secondigny (Deux-Sèvres). — Hôtel Allard.

Seloncourt (Doubs). — A la Mairie.

Sens (Yonne). — A la Mairie (de 2 h. à 4 h.).

Sèvres (S.-et-O.). — A la Mairie.

— MEUDON. — Maison Deforqz.

Sigean (Aude). Salle Grand.

Sorgues (Vaucluse). — A la Mairie.

Soissons (Aisne). — M. Perriot, à Vauxrot-Cuffles.

Suippes (Marne). — 9, impasse de l'Orme, chez M. Jean Achille.

Suze (La) (Sarthe). — A la Mairie.

Tarare (Rhône). — A l'Hôtel de Ville (3e étage).

Tarbes (Hautes-Pyrénées). — A la Mairie.

Thiers (Puy-de-Dôme). — A la Mairie.

Thuir (Pyrénées-Orientales). — M. Guerre.

Tonnay-Charente (Ch.-Infér.). — A l'Hôtel-de-Ville.

Toulouse (Haute-Garonne). — Rue d'Austerlitz, 16.

Tourcoing (Nord). — Rue du Moulin-Fagot, 99.

La Tour-du-Pin (Isère). — Café Brochier, r. d'Italie.

Tourlaville (Manche). — Ecole des Mielles.

Tournecoupe (Gers). — M. Barbé.

Tournus (Saône-et-L.). — Au Palais de justice.

Tours (Indre-et-Loire). — Salle Bigot, boulevard Béranger, 6 (1 à 3 h.).

— AZAY-LE-FERRON (29e) : M. Colin.

— MARTIZAY (29e) : M. Emile Rolland.

— LUYNES (29e) : M. Caillé.

— LA CHAPELLE-SUR-LOIRE (29e). — M. Renard.

Tramayes (Saône-et-L. — A la Mairie (de 1 h. à 3 h.).

Troyes (Aube). — Hôtel-de-Ville.
Uzès (Gard) — A la Mairie de Saint-Quentin.
Valenciennes-Nord (Nord). — M. Lebon, à Saint-Vaast-la-Haut.
Valréas (Vaucluse). — M. Gaud,
Vals-les-Bains (Ardèche). — École communale des garçons.
Vendôme (Loir-et-Cher). — A la Mairie (de 1 h. à 3 h.).
Versailles (Seine-et-Oise). — A la Mairie.
Vichy (Allier). — École communale.
Vienne (Isère). — Rue des Clercs, 3 (Société : L'INDUSTRIE DRAPIÈRE).
— CHARLEMAGNE. — M. Boudin (maison Lardière).
Vierzon (Cher). — A la Mairie.
Villefagnan (Charente). — M. Feuillet.
Villefranche (Aveyron). — M. Desplas, pl. N.-Dame.
Villepreux (Seine-et-Oise). — M. Léon Adam (de midi à 2 h.).
Villenoy (Seine-et-Marne). — A la Mairie.
— MAREUIL-LES-MEAUX. — A la Mairie.
Vinça (Pyrénées-Orientales). — A la Mairie.
Vizille (Isère). — M. Sorrel.

Paris. — Imprimerie Nouvelle (assoc. ouvr.), 11, rue Cadet.
R. Barré, directeur. — 1208-8

RENSEIGNEMENTS ESSENTIELS

La cotisation est de **1 fr.** par mois, elle se paye d'avance. — Le droit d'entrée est de **2 fr.** — Le prix du livret est de **50 c.** Aucun sociétaire ne peut être inscrit avant d'avoir versé **3 fr. 50.** — Les recettes ont lieu, dans toutes les sections, le premier dimanche de chaque mois de dix heures à midi. Chaque mois de retard de payement entraîne une amende de 25 c.

Toutes les inscriptions partent du 1er janvier de chaque année. Les sociétaires qui adhèrent au cours de l'année ont à payer les mois écoulés; ils peuvent se libérer immédiatement, ou en payant 2 fr. par mois suivants jusqu'à amortissement de cet arriéré. — Nul ne peut remonter au delà de l'année de son inscription.

Pour faire partie de la Société, il faut *avoir eu* 15 ans dans l'année *qui précède* l'inscription. — Les dames sont admises (celles qui sont mariées doivent mettre le nom de *dame* et le nom de *demoiselle* sur le bulletin d'adhésion). — Le temps à parcourir pour être pensionné est de **20 ans.**

Sociétaires isolés. — Les sociétaires domiciliés dans un lieu où il n'existe pas de section doivent expédier leurs fonds à *M. le Trésorier général*, 36, boulevard de Sébastopol, *avant le deuxième dimanche de chaque mois.* Ajouter toujours 15 centimes pour le retour des reçus (faire le possible pour verser plusieurs cotisations afin d'éviter des frais de retour). Les sociétaires d'une même ville peuvent se grouper, dans le même but, pour envoyer leurs fonds.

PROGRESSION DE LA SOCIÉTÉ

Au 31 décembre 1881 :	Sociétaires,	757;	Capital,	6.237 »
—	1882 :	— 1.432;	—	20.902 57
—	1883 :	— 3.767;	—	58.498 25
—	1884 :	— 8.980;	—	175.715 02
—	1885 :	— 15.608;	—	361.063 99
—	1886 :	— 25.678;	—	673.367 52
—	1887 :	— 47.460;	—	1.266.864 45
Au 1er août 1888 :	— 66.608;	—	1.833.016 22	

Le Prévoyant de l'Avenir

SEUL ORGANE OFFICIEL

DE LA SOCIÉTÉ CIVILE DE RETRAITES

Les Prévoyants de l'Avenir

PARAISSANT TOUS LES MOIS

LE JEUDI PRÉCÉDANT LE PREMIER DIMANCHE

———

Ce journal, absolument officiel
est rédigé par le Comité central

Il est administré par :

MM. CHATELUS, DUGAS et ROGER

———

BUREAUX & RÉDACTION

36, Boulevard de Sébastopol, 36

PARIS

———

Les abonnements partent de chaque mois.
Prix : 1 an, 2 fr. — Six mois, 1 fr.

On s'abonne à toutes les recettes des Prévoyants
et dans tous les bureaux de poste

www.ingramcontent.com/pod-product-compliance
Lightning Source LLC
Chambersburg PA
CBHW070808290326
41931CB00011BB/2171